WALTER SCHÜBLER

Bibiana Amon

EINE SPURENSUCHE

EDITION ATELIER WIEN

INHALT

»*Wem kann hier, wo die Quellen oft gar fehlen, oft so verderbt und unrein sind, daß man sich aus ihnen zu schöpfen scheuen muß; hier, wo man erst hundert Widersprüche zu heben und hundert Dunkelheiten aufzuklären hat, ehe man sich nur des kahlen, trockenen Faktums vergewissern kann; hier, wo man mehr eine Geschichte der streitigen Meinungen und Erzählungen von dieser oder jener Begebenheit, als die Begebenheit selbst vortragen zu können, hoffen darf: wem kann hier auch die größte Kunst zu erzählen, zu schildern, zu beurteilen, wohl viel helfen? Er müßte sich denn kein Gewissen machen, uns seine Vermutungen für Wahrheiten zu verkaufen, und die Lücken der Zeugnisse aus seiner Erfindung zu ergänzen. Wollen Sie ihm das wohl erlauben? O weg mit diesem poetischen Geschichtschreiber! Ich mag ihn nicht lesen; Sie mögen ihn auch nicht lesen, als einen Geschichtschreiber wenigstens nicht; und wenn ihn sein Vortrag noch so lesenswürdig machte!*«

Gotthold Ephraim Lessing:
Briefe, die neueste Literatur betreffend, 52. Brief[1]

VORWORT

Liliana Amon? – Wenn überhaupt, ist sie unter ihrem Spitznamen Bibiana noch als Trabant Wiener Literatenzirkel kurz vor und nach dem Ersten Weltkrieg geläufig. Oder allenfalls als Vorbild für literarische Figuren noch vage erinnerlich. Sie stand, unverkennbar, der »Bibi« Modell, der burschikosen, ungenierten, kecken Sechzehnjährigen in Karl Tschuppiks autobiografischem Roman »Ein Sohn aus gutem Hause« (1937). Und sie wurde, davor schon, von Franz Werfel im Roman »Barbara oder Die Frömmigkeit« (1929) in der hemdsärmeligen Angelika porträtähnlich abkonterfeit.

Als Schriftstellerin ist sie jedenfalls eine Entdeckung. Ihre »Memoiren«, angeblich auf Französisch und mit einem Vorwort von André Gide, kursierten lang als Gerücht. Tatsächlich veröffentlichte sie im Frühjahr 1939 im renommierten Pariser Verlag Denoël einen umfangreichen Roman: »Barrières«.

Hier werden sie beide präsentiert, die Autorin und ihr Roman. Die Dokumente zu Bibiana Amons ersten zwei und letzten vier Lebensjahrzehnten sind spärlich – und karg. Alle von der buchhalterischen Art, in der staatliche und kirchliche Registraturen Geburt, Heirat und Tod oder, weniger dramatisch, Wohnungswechsel verzeichnen. Nur aus den späten 1910er-, frühen 1920er-Jahren sind zwei Dutzend Briefe von ihr überliefert. Insgesamt eine Handvoll verstreuter Splitter, mehr nicht. Die Versuchung, mit der Fugenmasse der »vermutlich«, »vielleicht«, »wahrscheinlich« und »wohl« diese Splitter zu einem Mosaik zusammenzupappen, ist groß. Eine solche Patzerei verbietet sich jedoch von selbst. Ebenso verbietet's sich, Passagen aus »Barrières« in Bibiana Amons Biografie zu interpolieren, um die Konturen der historischen Person emotional auszupolstern, wenngleich Amon den Lebensweg ihrer Hauptfigur, soweit nachprüfbar, ihrem eigenen engführt. Das chronologische Arrangement von Romansequenzen und Dokumentiertem stellt also gerade *nicht* darauf ab, die Differenzen zwischen den Gefühlswelten einer literarischen Figur und denen der Autorin zu planieren.[*] Es stellt vielmehr Fiktion und Fakten hart neben-, ja gegeneinander.

Bibiana Amon tritt nun als Autorin auf, nicht länger nur als Figur. Sie spricht, wo immer möglich, aus eigenem Recht, in ihren Briefen, mit ihrem Roman.

---

[*] Das verbietet sich bei meinem Widerwillen gegen die romanhafte Biografie, meiner Aversion gegen das Frisch-drauflos-Fabulieren der viel gerühmten angelsächsischen Biografietradition, der man im deutschsprachigen Raum ihre ach so lebendige Unbekümmertheit neidet, ohnehin. – Siehe dazu meinen Thesenanschlag »Vom Nachstellen. Zwölf Thesen wider die Biografie« (TUMULT. Vierteljahresschrift für Konsensstörung, Nr. 04/2015, S. 52–57).

SPURENSUCHE

Anna stammte aus desolaten Verhältnissen. Ihren Vater verlor sie im Alter von vier Jahren. Ihre Mutter, die der Vorsehung dafür dankte, dass sie diesen Säufer endlich los war, noch jung und attraktiv, hatte großen Erfolg bei den Männern. So hatte sie bereits einige Monate nach dem Tod ihres Gatten wieder einen Geliebten, Rudolf Bichler, einen kleinen Angestellten des großen Zichorienkaffee-Herstellers Franck[2], der sich bei ihr einnistete. Er war ein äußerst nüchterner Mann, der Alkohol verabscheute und großes Gewese um seine Gesundheit machte. Er hatte flache, leuchtend rote Wangen, wie die eines Säugling beim Aufwachen, einen gewaltigen Schnurrbart, der in seltsamem Kontrast zu seinen Wängelchen stand, und für seine einunddreißig Jahre bereits eine ordentliche Glatze. Zwar klein von Statur, hatte er seltsam große Hände und Füße und trug winters wie sommers blaue Anzüge, adrett und sauber. Am Hosenboden und an den Ellbogen jedoch glänzte der Stoff speckig. Er wohnte seit acht Jahren mit der Witwe eines Straßenbahnkondukteurs zusammen, die sich immer noch Hoffnungen machte, er werde sie eines Tages heiraten. Diesem Umstand verdankte er das gute Leben, das er bei ihr hatte. Denn er gab ziemlich wenig für das, was er von ihr bekam. Als sie von der Liaison mit Frau Lisser erfuhr, machte sie ihrem Untermieter klar, dass sie nicht vorhabe, ihn für eine andere zu mästen. Er blieb trotzdem bei ihr wohnen, aß nur nicht mehr bei ihr und verbrachte seine gesamte freie Zeit bei seiner Freundin, deren Kinder ihn zwar »Onkel« riefen, ihn aber nicht leiden konnten, denn er war zänkisch und kleinlich bis zum Gehtnichtmehr. Er sprach Hochdeutsch, und diese kleinen Österreicher machten sich deswegen gern lustig über ihn und spotteten ihm nach. So sehr er sich auch bemühte, er flößte ihnen nicht den geringsten Respekt ein. Seine pedantische Ordnungsliebe war Anlass der ständigen Streitereien zwischen ihm und Frau Lisser, die einfach schlampig war. Er berechnete die Mahlzeiten bei ihr auf den Heller genau, teilte die Kosten durch sechs und bezahlte nur seinen Anteil, obwohl er für drei aß und sich die besten Stücke sicherte. Als er zum ersten Mal bei ihr frühstückte, machten die Kinder große Augen angesichts der Faxen, die er machte, und der Mund blieb ihnen offen. Er häufte einen Mundvoll auf die Spitze seiner Gabel, schnupperte erst lang und zeremoniös daran, fixierte ihn kurz, riss dann seinen großen Mund auf und schnellte den Bissen wie ein Geschoss zwischen seine kräftigen Zähne. Er kaute so heftig, dass die Haare seines Schnurrbarts sich in alle Richtungen spreizten. Er sah unfassbar lächerlich aus. Die Lisser-Buben äfften ihn unbarmherzig nach, und wenn er nicht da war, versuchten sie, ihre Mutter gegen ihn aufzubringen. Aber sie, die Kinder nicht mochte, sie im Gegenteil als Klötze am Bein empfand, hielt zu ihrem Rudolf. Dabei litt auch sie unter seinen Schrullen. Die fürchterliche Knausrigkeit ihres Geliebten ertrug sie nur schwer, sie gab Geld gern mit vollen Händen aus. Das Gerede der Nachbarn kümmerte sie nicht. Sie war nicht auf den Mund gefallen, und niemand traute sich, mit ihr anzubinden.

Ihre Tochter mochte sie am allerwenigsten, die Kleine hatte auch am allermeisten unter den Affären ihrer Mutter zu leiden. Als sie mit Anna schwanger war, war ihre Beziehung unerträglich geworden, sodass Frau Lisser sich mit jeder Faser dagegen sträubte, diesen Spross in die Welt zu setzen. Sie hat nichts unversucht gelassen, ihn loszuwerden. Obwohl sie dabei fast gestorben wäre, war die Leibesfrucht hartnäckig am Leben geblieben. Alles, was sie damit erreichte, war eine extrem schwere Geburt. Sie hasste dieses mit Widerwillen gezeugte Wesen so abgrundtief, dass nur die Angst vor ihrem Mann sie davon abhielt, es gleich nach der Geburt zu töten. Die Vernachlässigung, mit der Frau Lisser sie aufzog, hinderte die Kleine nicht daran zu wachsen, und wie sie diesem trotzigen Lebenswillen, der ihrem Hass entgegenstand, begegnete, grenzte an Verbrechen. Beim geringsten Anlass schlug sie Anna gnadenlos und gab ihr zur Strafe nichts zu essen. Sie beging sämtliche Grausamkeiten, die eine herzlose Mutter einem hilflosen Kind nur antun kann. Ein Bruchteil hätte gereicht, um die Seele eines derart misshandelten Kindes für alle Zeit zu verdüstern, ihm alles zu rauben: Liebe, Zuneigung, mütterliche Zuwendung, diese unverzichtbaren Voraussetzungen im Lebenskampf, Zuflucht und Quelle des Trostes in schweren Stunden.

Um ihre drei Söhne, die schon älter und meistens draußen unterwegs waren, musste sie sich kaum mehr kümmern, aber die Kleine mit ihren fünf Jahren brauchte ihre Mutter noch und nahm einen Großteil ihrer Zeit in Anspruch, die sie ihrem Liebhaber hätte widmen können. Frau Lisser führte ein kleines Kurzwarengeschäft. Den ganzen Tag lang händigte sie Kunden Garn aus oder ein paar Knöpfe, kochte, besorgte in der Schlafkammer neben dem Verkaufsraum den Haushalt, schmierte Butterbrote für die unersättlichen Buben, die ständig hungrig von der Straße hereinkamen, oder flickte deren zerrissene Hosen. Das Geschäft wurde durch einen hohen Kasten zweigeteilt, im hinteren Bereich war die Küche untergebracht. Die war sehr dunkel, weil sie nur vom Geschäft her Licht hatte, gerade so viel, wie zwischen Kasten und Decke dringen konnte. Ein kleiner Ofen, der auf vier dünnen Beinen stand – ständige Gefahr für die kleinen Rabauken –, ein Tisch, der fast die Hälfte des Raums einnahm, ein altes, mit Wachstuch bezogenes Sofa, aus dem Werg hervorquoll, ein paar Schemel und einige Regale komplettierten die Einrichtung. Zwischen Wand und Kasten war ein schäbiger grüner Trennvorhang gespannt, voller von fettigen Kinderhänden hinterlassenen Flecken.

Wer auch immer das Geschäft betrat, wurde von Frau Lisser mit einer der zwei Begrüßungen empfangen, die sie auf Lager hatte. War es eine Frau, sagte sie:»Na, Frau Nachbar, womit kann ich dienen?« War es ein Mann, sagte sie:»Na, Herr Nachbar, was darf es sein?« Für sie waren alle Nachbarn, auch wenn sie zum ersten Mal ins Geschäft und weiß Gott woher kamen. Diese Begrüßungen wurden in ihrem Kundenkreis sprichwörtlich. Sobald die Ladenglocke läutete, kam sie aus dem hinteren Zimmer, immer dieselbe freundliche Miene aufgesetzt, ganz gleich, ob sie gerade einem der Buben den Hintern versohlt oder sich über irgendetwas grün und blau geärgert hatte. Die Kinder durften nicht mucken, wenn Kundschaft im Laden war, kreischten aber aus vollem Hals los, sobald sie weg war.

Onkel Rudolf, der bereits um fünf Uhr aus dem Büro zurück war, übermittelte den Lieferanten per Brief in Schönschrift Bestellungen für Knöpfe, Zwirn oder andere Artikel, die ausverkauft waren, und verabsäumte es nie, diese Meisterwerke seiner kommerziellen Beredsamkeit laut vorzulesen. – »Ich kriege dafür keinen Heller Rabatt, ich muss für die Knöpfe genauso viel zahlen wie bisher«, murrte Frau Lisser. Verständnislos sah er sie kurz mit großen Augen an, bevor sein Blick gen Himmel ging, der Zeuge von so viel Unverstand sein sollte, dann leckte er, die Augen geschlossen, energisch den gummierten Rand des Umschlags ab, steckte ihn – eine alte Gewohnheit von ihm – unter seinen Hintern und blieb eine Weile darauf sitzen. Wenn jemand kam, um eine offene Rechnung einzutreiben, verfiel Frau Lisser in einen Veitstanz – und erst das Gefuchtel ihres Rudolf! Mit der Miene eines Mannes, der über unermessliche Reichtümer gebot, überprüfte er diese lächerlichen Beträge, zählte zusammen, schüttelte den Kopf, als könne er's nicht glauben, holte sein Kassenbuch hervor, verglich. Natürlich stimmten einige Zahlen nicht – strenger Seitenblick auf seine Geliebte –, und nachdem er die Freuden seines hohen Amts bis zum Letzten ausgekostet hatte, willigte er schließlich ein, die Rechnung zu bezahlen – mit *ihrem* Geld, versteht sich.

Um nichts in der Welt hätte er es über sich gebracht, ein paar Heller aus seiner Tasche vorzuschießen, ohne dieses Darlehen fein säuberlich auf einem Blatt Papier zu notieren, das er seiner Schuldnerin mehrmals am Tag unter die Nase hielt. Er hatte sie gezwungen, »der lieben Ordnung halber«, wie er es nannte, ein Kassenbuch zu führen. Allerdings vergaß sie, abgelenkt durch hunderterlei Dinge, die meiste Zeit, ihre läppischen Einnahmen aufzuschreiben. Er durchwühlte die Bestände und machte sich überall wichtig, bis sie schließlich ob seiner Pedanterie vor Verzweiflung außer sich war. Eifrig zählte er die Knöpfe, machte »Ts, ts, ts«, wenn er einen Knopf entdeckte, der sich nicht in der richtigen Schachtel befand, maß nach, wie viel Borte auf einer Rolle war, und schrieb die genaue Länge auf einen Anhänger, kurz, er war glücklich, seine Krämerseele auf diese wunderliche Weise auszuleben. Er fand an allem, was sie tat, etwas auszusetzen, nahm sie über Dinge, die sie längst vergessen hatte, ins Verhör, bis ihr der Kragen platzte und sie ihn anschrie. Wenn ihm was nicht passe, solle er sich zum Teufel scheren, was müsse er auch überall seine Nase hineinstecken!? Soll er sie doch in Ruhe lassen, sie verdiene nicht einen Heller mehr, seit er dieses verdammte Kassenbuch eingeführt habe.

So viel Widersinn ließ ihn hochfahren, und die beiden beschimpften einander, bis ein Kunde das Geschäft betrat oder die kleine Anna, die sich in eine Ecke verzogen hatte und mit alten Stoffmustern spielte, zu weinen begann. Dann stürzten sie sich gemeinsam auf das Kind und überschütteten es mit Gekeif, um es zum Schweigen zu bringen. Auf der Stelle verhielt es sein Weinen und blickte verängstigt zum bösen Onkel auf.

An den Sonntagen war er bereits frühmorgens da. Die Buben nahmen sofort Reißaus und kamen erst zum Mittagessen wieder zurück. Für Anna waren die Sonntage anders als die anderen Tage, weil das Geschäft geschlossen war. Bei heruntergelassenem Rollbalken war es ziemlich finster. Niemand störte sie in der Früh bei den Spielen, die sie mit leeren Spulen, abgeplatzten Knöpfen und Stoffmustern improvisierte. War das Wetter schön, konnte sie mit ihrem Puppenwagen in den spärlich bewachsenen Hof gehen oder dort den anderen Kindern beim Spielen zusehen. Die Nachbarskinder schnitten sie, weil sie leicht angerührt war. Beim kleinsten Rempler, bei der geringsten Unachtsamkeit weinte sie gleich. Aber an den Sonntagnachmittagen musste ihre Mutter, ob sie wollte oder nicht, sie mitnehmen, weil sie sie schwer einsperren konnte, ohne dass die Nachbarn es mitbekommen hätten. Meistens gingen sie in den schattigen Garten eines der vielen Gasthäuser in der Gegend, wo man sich zu einem Glas Bier unter die großen Kastanienbäume setzte. Rudolf Bichler trank seine Schokolade mit kindlicher Gier, was Frau Lisser trotz ihrer Abscheu vor Alkoholikern als unmännlich empfand. »Ein Mann sollte ja wohl in der Lage sein, ein Bier zu zischen, sonst ist er kein richtiger Mann«, sagte sie verächtlich, »deshalb wird er nicht gleich zum Säufer ...«

Da hockten sie dann und unterhielten sich über die anderen Gäste, während sich die kleine Anna ängstlich zwischen den Tischen versteckte und nicht wusste, was tun. Da dies der einzige Tag war, an dem Frau Lisser entspannt Platz behalten konnte, ohne Angst, ständig gestört zu werden, gab sie sich diesem Vergnügen ganz hin, und es wurde gewöhnlich Nacht, ehe sie sich aufraffte heimzukehren. Oft schlief Anna auf ihrem Sessel ein, müde, gelangweilt, und auf dem Heimweg musste sie regelrecht mitgeschleift werden, da sie immer zurückblieb. Zwischen den beiden eingezwickt, die kleinen Fäuste in den eisernen Schraubstock der groben Hände eingeklemmt, die zierlichen Arme fast ausgerenkt, warf sie abwechselnd verzweifelte Blicke auf das eine und das andere der gnadenlosen Gesichter dieser Menschen, die sie wie ein Stück Holz mitschleppten.

[»Barrières«, Kapitel 1, S. 11 – die erste (paginierte) Seite – bis S. 16.]

Im Taufbuch der Linzer Pfarre »Heilige Familie (ehemalig St. Josef)« für das Jahr 1892 finden sich unter der »Reihezahl« 212 folgende Angaben: Die am 23. Juni 1892 Geborene und tags darauf auf den Namen »Maria (Liliana)« Getaufte ist das uneheliche Kind der »ledigen Näherin« »Zäzilia Brandstetter«, wohnhaft in der Blumauer Straße Nr. 10, und des Schneidermeisters Josef Amon. Einem Nachtrag ist zu entnehmen, dass sie am 19. Juni 1897 »legitimirt« wird. Das Trauungsbuch verzeichnet unter diesem Datum die Eheschließung von Josef Amon, geboren am 22. Mai 1843 in Klagenfurt, »Witwer nach Ida geb. Trefalt« – die Schneiderin Ida Maria Amon war 52-jährig am 17. November 1895 in Linz verstorben[3] –, und »Brandstätter Caecilia«, geboren am 17. Juni 1869, beide nunmehr unter derselben Adresse gemeldet, nämlich Spittelwiese Nr. 15.[4] Das Paar hat ein zweites gemeinsames uneheliches Kind, den am 14. Feber 1891 geborenen und zwei Tage darauf in der Stadtpfarre getauften Sohn Albert.[5] Josef Amon stirbt am 30. August 1897 in der unmittelbar an Linz grenzenden Kleinstadt Steyregg.[6]

Mit sieben Jahren kam Anna in die Klosterschule. Sie war sehr filigran und immer noch fürchterlich leicht angerührt. Für die hemdsärmeligen Bauernkinder wurde sie bald zur Zielscheibe ständiger Hänseleien, sodass sie auch dort keine Freundin fand und für sich blieb. Die Prügel der Mutter hörten an dem Tag auf, da Anna, nachdem sie besonders schwer misshandelt worden war, eine der Klosterschwestern schluchzend anflehte, sie zu beschützen. Es gab eine für Frau Lisser peinliche Untersuchung. Die zog sich zwar geschickt aus der Affäre, ließ aber von da an das Kind aus Angst vor der Polizei in Ruhe.

Vor ihrem Hass gab es jedoch keinen Schutz. Der verdüsterte weiterhin Annas Kindheit. Die Kleine wuchs ohne Liebe auf […], ohne Zuneigung, ohne Herzlichkeit.

[»Barrières«, Kapitel 1, S. 16.]

»Brandstätter Marie« tritt am 10. Oktober 1899 in die »Dreiclassige Privat-Volksschule für Knaben und Mädchen in Linz kath. Waisenhaus« ein. Als »Anfang des Schulbesuches überhaupt« vermerken die lückenhaft überlieferten Klassenbücher das Datum 17.9.1899. Jenes des Schuljahres 1905/06 führt in der Rubrik »Namen und Nationale des Kindes nebst Namen, Stand und Wohnort des Vaters oder sonstigen gesetzlichen Vertreters« nicht nur erstmals die Legitimierung »Amon«, sondern als Vormund einen »Busek Jos., Möbelhändler, Spittelw[iese]« an. Brandstätter Marie geht mit Vollendung ihres 14. Lebensjahres, am 23. Juni 1906, von der Schule ab. Das Klassenbuch verzeichnet im dritten Quartal 12 (entschuldigte) »versäumte Halbtage«, im vierten Quartal 22. Die Noten des Schuljahres im Einzelnen (die Noten des vierten Quartals sind identisch mit denen des Entlassungszeugnisses): Sittliches Betragen: 2 / 1 / 1 / 1, Fleiß: 1 / 2 / 2 / 1, Religionslehre: 1 / 2 / 2 / 1, Lesen: 1 / 1 / 1 / 1, Deutsche Unterrichtssprache: 3 / 3 / 3 / 3, Rechnen in Verbindung mit geometrischer Formenlehre: 2 / 2 / 2 / 1, Naturgeschichte und Naturlehre: 3 / 2 / 2 / 2, Geographie und Geschichte: 2 / 3 / 2 / 2, Zeichnen in Verbindung mit geometrischer Formenlehre: 2 / 2 / 2 / 1, Schreiben: 2 / 2 / 2 / 1, Gesang: 1 / 1 / 3 / 1, Weibliche Handarbeiten: 1 / 2 / 2 / 1, Äußere Form der schriftlichen Arbeiten: 2 / 1 / 1 / 1 (Notenskala bei der Beurteilung von Sittlichem Betragen, Fleiß und Äußere Form der schriftlichen Arbeiten von 1 bis 4, bei der Beurteilung des Fortgangs in den einzelnen Lehrgegenständen von 1 bis 5).[7]

Einträge in den Meldebüchern der Stadt Linz, die unter »Herkunftsort« jeweils Klagenfurt aufweisen, legen nahe, dass Bibiana Amon in den Jahren 1906 bis 1908 längere Zeit bei Verwandten väterlicherseits in Klagenfurt gelebt, dort möglicherweise die restlichen zwei Jahre Schulpflicht absolviert hat. »Bibiana Maria Amon« ist von 19.6.1907 bis 20.6.1907 in der Linzer Stockhofstraße 33, von 21.6.1907 bis 2.7.1907 an der Adresse Seilerstätte 21, von 25.4.1908 bis 19.6.1908 in der Römerstraße 8 gemeldet, Beruf: Kindermädchen; »Maria Bibiana Amon« von 17.1.1908 bis 1.4.1908 in der Landstraße 36, Beruf: Lehrmädchen.[8]

Mit den Jahren wuchs sie zu einem auffallend hübschen Mädchen heran. Sie hatte schönes, natürlich gewelltes Haar, große graublaue, stets vorwurfsvoll dreinblickende Augen und milchigweiße Haut. Auf ihr Aussehen achtete sie schon in jungen Jahren. Sie verbrachte Stunden vor dem Spiegel, flocht und entflocht ihre Haare und ließ sie wie einen Mantel über ihre Schultern fallen. Sollte sie der Mutter in der Küche helfen, rümpfte sie die Nase und bockte. Nie war sie um eine Ausrede verlegen, die ihr Drecksarbeiten ersparten. Mit zwölf pflegte sie ihre Hände sorgfältig wie eine Dame, und ihre Mutter musste schwere Drohungen auffahren, um sie zum Geschirrabwaschen zu bewegen. Im Geschäft war sie hingegen voller Eifer, sie scharwenzelte um die Kunden herum, und ihre Eitelkeit wurde noch angestachelt, als eine Kundin zu Frau Lisser sagte: »Was für eine schöne Tochter Sie haben!« Die Mutter, der Komplimente für ihre Tochter gegen den Strich gingen, dämpfte umgehend Annas Freude, indem sie ihr vor der Kundin ihre blöde Gefallsucht und Faulheit vorwarf: »Nichtsnutziger Fratz! Noch nicht einmal trocken hinter den Ohren, und steht schon die ganze Zeit vor dem Spiegel!« Daraufhin verschwand Anna in die Küche und warf ihrer Mutter einen grimmigen Blick zu. Das Verhältnis zwischen ihnen war inzwischen schier unerträglich. Anna verglich ihr liebloses Zuhause mit dem anderer Kinder und wurde sich schon in sehr jungen Jahren der gesellschaftlichen Unterschiede bewusst. Die Zurücksetzungen, die sie wegen der wilden Ehe ihrer Mutter zu erleiden hatte, verstärkten ihren Hass auf sie. Die Nachbarn waren schwer katholisch, wenn auch keine eifrigen Kirchgänger, und empörten sich über diesen Verstoß gegen die guten Sitten. Da sie es nicht wagten, das Frau Lisser spüren zu lassen, hielten sie sich an Anna schadlos, der sie das Fehlverhalten ihrer Mutter unter die Nase rieben. Beim geringsten Anlass kamen ihr die Nachbarskinder mit »Bastard!« und piesackten sie mit Fragen darüber, was denn ihr Herr Vater mache und wann denn geheiratet werde. Außer sich vor Wut und Scham lief sie zu ihrem ältesten Bruder und husste ihn gegen diejenigen auf, die sie beleidigt hatten. Es kam zu wilden Balgereien, die erst aufhörten, wenn die Mütter die Streithähne trennten. […]

Mit fünfzehn Jahren wurde Anna gefirmt. Sie hatte nur einen Wunsch: dieses gehasste Zuhause so schnell wie möglich zu verlassen. Doch da erkrankte ihre Mutter und musste sich einer schweren Operation unterziehen. […] Als sie wieder einigermaßen bei Kräften war, machten sie sich auf die Suche nach einer Lehrstelle für Anna. Der Mutter entgingen die begehrlichen Blicke nicht, die ihr Geliebter auf Anna warf, sobald er sich unbeobachtet glaubte. Es fiel ihr auch auf, dass jetzt Männer ins Geschäft kamen, die Kleinigkeiten, einen fehlenden Hosenknopf oder Ähnliches, besorgen wollten, nur um das Mädchen näher besehen zu können. Sie schrieb an ihre Schwester in Wien und bat sie, Anna zu sich zu nehmen und ihr in Wien eine Lehrstelle zu verschaffen. Anna war froh, dass ihre Tante einwilligte. Sie verbrachte die letzten Tage in fieberhafter Aktivität, beschäftigt mit ihrer Aussteuer. Sie wusch und bügelte ihre Sachen, und die Mutter, froh, sie loszuwerden, gab ihr mehr als erwartet. Endlich kam der Tag, den sie so herbeigesehnt hatte, der Tag, an dem sie ihr Zuhause verlassen konnte. Sie hatte eine kleine, selbst genähte Tasche mit der Adresse ihrer Tante und ihrem Geld um den Hals gehängt. Als der Zug in den Bahnhof einfuhr, war sie so aufgeregt, dass sie fast vergessen hätte, sich zu verabschieden. Rasch gab sie den Ihren die Hand und stieg in den Zug.

[»Barrières«, Kapitel 1, S. 17 bis 18.]

Unterstützt von ihrer Tante, findet Anna eine Lehrstelle in einem vornehmen Schuhgeschäft unweit der Oper. Nach einem Dreivierteljahr ein neuer Filialleiter: Albert, ein Mittdreißiger. In der Hoffnung, dem verdreckten und verlausten Kabinett in der ekelerregend stinkenden Kleintierhandlung ihrer Tante zu entkommen, lässt sie sich mit ihm ein.

Anna, dieses noch unberührte Wesen, machte einen sehr starken Eindruck auf ihn. Es schien ihm ein Leichtes, sie zu kriegen. Es würde nicht viel brauchen, ein Kind zu verführen, das in so ärmlichen Verhältnissen aufgewachsen war. Annas Gefallsucht und ihr brennender Wunsch, dem Elend zu entkommen, hatten tatsächlich den Boden für ihn bereitet. Unerfahren und überaus naiv, schätzte sie den Wert ihrer Unberührtheit nicht übermäßig hoch ein. Sie ließ sich also auf den Handel ein. Sie bezahlte und musterte den Mann dann mit grenzenlosem Ekel, Hass und Verachtung. [»Barrières«, Kapitel 3, S. 24.]

Das Verhältnis bleibt nicht unbemerkt. Die Kolleginnen sind eifersüchtig, ihr Getuschel und ihre Anspielungen untergraben die Autorität des Filialleiters. Der verschafft Anna eine Stelle in einem Modengeschäft, wo sie, eine bildhübsche Sechzehnjährige, in kurzer Zeit als Vorführdame arbeitet. Was wiederum ihn rasend eifersüchtig macht. Als sie merkt, dass sie ihn in der Hand hat, weil es seiner Selbstgefälligkeit schmeichelt, sie »sein Eigen« zu nennen, lässt sie sich unverfroren von ihm aushalten und reizt die »Geschäftsbeziehung« aus, bis sie nicht mehr trägt. Fliegender Wechsel zu einem gutmütigen verheirateten Sechziger, der Anna bei einem Ausflug ins Wiener Umland nachmittags den Vorschlag unterbreitet, sie möge seine Geliebte werden – mit eigener Wohnung und großzügig bemessener Apanage –, bevor er abends bei einer gemeinsamen Ruderbootfahrt einen Herzstillstand erleidet und stirbt. Vom kaum zu fassenden Glücksversprechen zurück in die Tristesse ihres möblierten Untermietzimmers bei Frau Gräber. Sie und ihre Freundin, Frau Schwatschek, laden Anna ins Varieté Apollo ein. Wie zufällig mit am Tisch ein Dr. Edgar Frohlich: ein arrangiertes Treffen mit kaum verhohlenen, aber von der naiven Anna nicht bemerkten Geschäftsabsichten.

Am nächsten Tag brachte Dr. Frohlich sie in die Waaggasse Nr. 4. Im ersten Stock dieses prunkvollen Gebäudes wohnte eine Frau von Brant, eine gut erhaltene Fünfzigerin, die zwei Zimmer ihrer eleganten Wohnung als Absteigequartier vermietete. Die Adresse erhielt man nur über Empfehlung, die Hausmeisterin wusste von nichts.

Dr. Frohlich sagte Anna im Taxi, dass sie bei einer alten Freundin zum Tee eingeladen seien. Einer sehr mütterlichen

Frau, fügte er hinzu. Beim Wort »mütterlich« traf ihn ein verhaltenes Grinsen Annas. Für sie war es keine ausgemachte Sache, dass eine Mutter ein Segen ist, aber dann, als sie im Salon mit den schweren, dunkelroten Seidenvorhängen an den Fenstern saß – draußen war noch heller Tag –, als sie die opulente Eleganz bemerkte und von dieser sehr schönen, wenn auch etwas füllig gewordenen alternden Frau herzlich begrüßt wurde, bereute sie ihr Grinsen. Eingeschüchtert blieb sie sitzen und antwortete stotternd auf die freundlichen Fragen der Dame, harmlose Fragen, zwischendrin feinste Komplimente über Annas Schönheit. Es gab sogar einen Diener, der ein Teetischchen in den Salon schob, auf dem außer dem Tee noch eine ganze Batterie Likörflaschen stand. »Wenn meine Mutter mich sehen könnte!«, dachte Anna. Dr. Frohlich und Frau von Brant sprachen über ihr unbekannte Dinge. Von Zeit zu Zeit benetzte sie ihre Lippen mit einem der schweren Liköre, und ihre Wangen bekamen wieder etwas Farbe.

Unvermittelt erhob sich Frau von Brant: »Oh, mein Gott, ich bin untröstlich, ich muss mich entschuldigen, auf mich wartet ein Kranker. Bitte bemühen Sie sich nicht, mein lieber Edgar, Sie wissen doch, dass Sie hier ganz comme chez vous sind, nicht wahr? Ganz zwanglos bitte.« – »Mein liebes Kind«, dabei umarmte sie Anna zärtlich, »ich möchte, dass auch Sie sich wie zu Hause fühlen. Ich werde bald wieder zurück sein.« Und mit einem neckischen Blick zu Edgar: »Ist sie nicht bezaubernd? Bis bald!« Sie verschwand durch eine Schiebetür, die sie hinter sich offen ließ. Die ging in einen Raum, der von einer zartrosa schimmernden Lampe erleuchtet wurde und wie ein Schlafzimmer wirkte.

Allein mit Dr. Frohlich, wandte Anna sich ihm zu, mit einem Blick, der vor Glück so strahlte, dass er verlegen wurde. Schon bereute er es, dieses Mädchen, das er, ganz so, wie Frau Schwatschek ihm zu verstehen gegeben hatte, für noch unschuldig hielt, hierhergebracht zu haben. Und jetzt dieser reine Blick ... Er bekam Skrupel: »Ich werde sie von hier wieder wegbringen«, dachte er, »ich will nicht derjenige sein, der sie auf Abwege gedrängt hat. Aber verdammt hübsch ist sie schon. Ihr Pech!« Und er betrachtete sie mit verschleiertem Blick.

Während er mit sich rang – auf der einen Seite sein Verlangen, auf der anderen seine Prinzipien –, schenkte sich Anna, die keinen Verdacht hegte, ein kleines Glas Likör ein und trank es in einem Zug aus. Da sie Alkohol nicht gewohnt war, war die Wirkung fast im Moment spürbar. Sie stand auf und sagte, sich an ihm festhaltend und ihn zur offenen Tür schiebend: »Ich würde so gerne das andere Zimmer sehen, noch nie in meinem Leben war ich in einer so schönen Wohnung.«

Unbewusst stieß sie die Rettungsplanke von sich, die er ihr gerade hätte reichen wollen. Schon ziemlich betrunken, warf sie sich, kaum hatte sie das luxuriöse Bett erblickt, aus einem kindlichen Impuls heraus darauf, und ihr »Nein, nein« wurde unter der aufwallenden und befreiten Sinnlichkeit des Mannes erstickt.

Drei Tage darauf zog sie als Nichte bei Frau von Brant ein. Sie ließ ihre dürftigen Habseligkeiten großteils bei Frau Gräber zurück, der sie sagte, sie habe eine Stelle als Gesellschafterin bei einer hochgestellten Dame angenommen, dass sie sie niemals vergessen und sie oft besuchen werde. Auf dem Meldezettel gab sie jedoch eine falsche Adresse an.

Anfangs gefiel ihr das Leben in diesem Haus. Sie schlief in dem schönen Zimmer, in dem großen französischen Bett. Sie erhielt von der Dame, die sie »Tante« nannte, wunderbare Nachthemden, Bettwäsche und Hauskleider. Die Frau ging behutsam mit ihr um, gelegentlich führte sie sie ins Theater aus, wo Anna über der unglaublichen Freude, einen Logenplatz zu haben, von der Aufführung kaum etwas mitbekam. »Was für ein Glück«, dachte sie verzückt, »diese liebe Frau macht mir Geschenke, ist so gut zu mir wie nie jemand zuvor, ja, und sie verlangt nicht einmal, dass ich dafür arbeite.«

Zwei Wochen vergingen, in denen nur ein Schatten in all den Glanz fiel: die Angst vor einem unglücklichen Zufall, der einem so angenehmen Leben ein Ende setzen könnte. Anna hatte sich ihrer lieben Frau von Brant ohne Umschweife anvertraut, sie hatte in ihrer kindlichen Leichtfertigkeit über ihre Familie, das Elend ihrer Kindheit und die Angst gesprochen, die nach wie vor ihre Fantasie beherrschte: Ihre Mutter könne auf die Idee kommen, sie zurückzuholen, denn sie war ja noch minderjährig und war unzweifelhaft ihrer richtigen Tante weggelaufen. Schließlich flehte sie Frau von Brant an, sie zu beschützen, und gab sich damit ganz in deren Hand.

Diese Frau wusste also genau um Annas Lage, deren Angst ihr in die Karten spielte. Sie verfügte nun über ein Druckmittel, das sie, sollte einmal etwas nicht glatt laufen, würde einsetzen können.

Eines Tages kam ein älterer Herr, dem Frau von Brant mit huldvoller Ehrerbietung begegnete, was Anna sich nicht erklären konnte, er war ihr nämlich ohne Titel vorgestellt worden. Es war das erste Mal, dass Frau von Brant Anna jemandem vorführte. Dieser Herr war ein Mitglied des österreichischen Kaiserhauses, ein wenig gaga, anzüglicher Blick. Sobald Frau von Brant den Raum verlassen hatte, überkam Anna ein ungutes Gefühl. Mehr aus Instinkt denn aus Überlegung erriet sie, was es war, und schaute diesem zitternden Tattergreis ängstlich in die Augen. Sie fand seine greisenhafte Zärtlichkeit komisch und abstoßend zugleich. Zu gern hätte sie sich aus der Affäre gezogen, ihr war jedoch klar, dass damit dieses schöne Leben vorbei sein und sie sich abermals in Elend und Unsicherheit wiederfinden würde. Sie betrachtete das wunderbare Geschenk, das er ihr gemacht hatte, eine mit Diamanten besetzte Uhr an einer schweren Goldkette – und schloss die Augen.

Nachts in ihrem Bett schluchzte sie verzweifelt und fasste den ebenso einfachen wie tröstlichen Entschluss, sich in die Donau zu stürzen. Mit diesem Vorsatz und einem letzten Blick auf die kostbare Uhr schlief sie ein.

Als sie in der Früh aufwachte, verspürte sie zwischen Herz und Magen einen Druck, etwas Unerklärliches, das sie überkam, ein Zittern durchlief sie, ihr Herz stand einen Augenblick still. Ihr wurde klar, dass diese Empfindung Angst war, Angst vor dem Leben, die sie nie loswerden würde, eine Angst, die die treibende Kraft ihres Lebens sein würde. Ihr wurde auch klar, dass ihre Kindheit nun vorbei war. »Ich bin allein, völlig allein, und niemand auf dieser Welt wird mich je beschützen.«

Wegen einer, genau besehen, lächerlichen Lappalie musste Anna das Haus überstürzt verlassen. Anton, der Diener, ein kräftiger junger Bursche, der seiner Chefin auch mit seiner strammen Männlichkeit zu Diensten stand, war Anna zunächst mit einer gewissen Zurückhaltung begegnet. Mit gutem Grund. Was das Bett betraf, verstand seine Herrin nämlich keinen Spaß, sie wollte ihn für sich allein haben und hatte ihm das vom ersten Tag an klargemacht. Er widersprach ihr besser nicht, denn sie hatte ihn in der Hand, konnte ihn, sollte es ihm doch einmal einfallen, der Polizei »liefern«, weil er etwas auf dem Kerbholz hatte. Aber Jugend macht blind, er sah nicht ein, warum er nicht auch Anna ein klein wenig haben sollte, sobald seine Chefin ihm den Rücken zukehrte.

Er wusste nur zu gut, dass Anna schreckliche Angst vor dieser Frau hatte und sich nicht trauen würde, etwas zu sagen – man lauscht ja nicht von ungefähr an Türen. Beim geringsten Widerstand drohte ihre »Tante« mit einer Anzeige, und Anna glaubte ihr aufs Wort, ohne zu bedenken, dass diese Frau bei einer Anzeige als Kupplerin selbst in der Bredouille wäre. Anna, die sich gegen eine Frau, die reich und mit hochgestellten Persönlichkeiten auf Du und Du stand und nur mit den Fingern zu schnippen brauchte, um sie ins Verderben zu stürzen, nicht zu helfen wusste, war leicht in Schach zu halten. »Wenn du nicht spurst«, hatte sie ihr einmal gedroht, »sag' ich's deiner Mutter, was du hier machst. Du wirst schon sehen, ob du bei ihr glücklicher bist als hier. *Ich* habe nichts zu befürchten, da kannst du Gift drauf nehmen.«

Als Anton, ängstlich hinter sich blickend, sich mit seiner gemurmelten Liebeserklärung an Anna heranmachte, lachte sie ihn einfach aus. Sie hasste diesen jungen Kerl, der sie hinter dem Rücken seiner Chefin abgebrüht und mit mühsam gebändigter, beinah tierischer Lüsternheit im Blick mit seinen Avancen bedrängte, von ganzem Herzen. Sie mied ihn, so gut sie konnte. Als er Annas Lächeln sah, das ihm verächtlich schien, wurde er grob und fragte sie, ob er weniger wert sei als all die Lustgreise, denen sie sich hingab. In eine Ecke gedrängt, fühlte Anna einen stummen Schrecken aufsteigen, als er versuchte, sie zu nehmen, und wehrte sich, indem sie ihre Arme ausstreckte. »Ich liebe dich nicht, ich will nicht«, sagte sie, »lass mich in Ruhe.« – »Das ist mir egal, ich will dich haben, ich will mit dir schlafen. Was du anderen gibst, kannst du auch mir geben, bei mir hast du um einiges mehr davon ...«

Dicke Teppiche, in die die Füße weich und geräuschlos einsinken, haben schon so manches Unglück verursacht. Dieses Mal verhinderten sie, dass Anton und Anna Frau von Brant kommen hörten, als Anton gerade Annas Kopf packte und sie zu küssen versuchte. In dem Gerangel bemerkten sie sie erst, als sie unwirsch dazwischenging und der verdutzten Anna eine satte Ohrfeige versetzte.

Diese erfahrene Frau, dreimal so alt wie Anna, hätte vielleicht an die Unschuld des Mädchens geglaubt, wenn es nicht plötzlich die Beherrschung verloren und sie angezischt hätte: »Alte Vettel!« Aber wenn man fünfzig Jahre auf dem Buckel hat, und das bei unvermindert wacher Sinnlichkeit, hört man nicht das Wort »Vettel«, sondern das Wort »alt«, und das fühlt sich an wie ein Messerstich in die Seite. Und wenn es noch dazu der hinreißende Mund eines jugendlichen und schönen Wesens ist, der diesen Stich führt, fühlt sich das an, als würde das Messer auch noch dreimal in der Wunde umgedreht, und man rast vor Wut über diese Kränkung, die nichts lindern kann.

Madame war auf einen Schlag wie verwandelt: ein Fischweib, wie's im Buche steht, nicht auf den Mund gefallen. Und was sie sagte, erinnerte weder an das Genfer Pensionat, in dem sie ihre Weltläufigkeit erworben hatte, noch an die Offiziersgattin, die in den höchsten Kreisen verkehrte. Es war unverkennbar die Kupplerin, die man vernahm, der urwüchsige Ton, der ebenso wenig zu imitieren ist, wie man den Beruf der Kupplerin erlernen kann. Diese Berufung muss einem in die Wiege gelegt sein, und das war bei dieser Frau der Fall.

Als Anna das Haus verließ, wusste sie nun zwar einiges über die Lebewelt, aber nicht, wohin sie sich wenden sollte.

Da stand sie, schön wie ein Frühlingsmorgen, eine große Pappschachtel unter dem Arm, in der rechten Hand einen Seidenschirm, den sie »versehentlich« mitgenommen hatte, und ein bisschen Geld in ihrer Handtasche, das ihr Madame zum Abschied gegeben hatte. Wie sie sie wissen ließ, hätte sie das nicht tun müssen. Anna erschien dieses Geld wie ein Vermögen – das sie vermutlich davor bewahrte, in die Donau zu gehen.

[»Barrières«, Kapitel 6, S. 46–51.]

*Weil sie keine Papiere hat, weiß sich Anna nach dem Rauswurf aus
dem Nobelbordell nicht anders zu behelfen: zurück zu Frau Gräber.*

»Sie san a Tschapperl! Mir wär' des net passiert, dem hätt'
i an Tanz g'macht. Dem hätt' i schön was anschaun lassen,
dem ›Hupf-ins-Bett‹, dem ausgschamten. Des packst ja net,
dass de Leit überhaupt kan Anstand mehr habm. Jedenfalls:
Gute Nacht, schlafen S' gut.«

Sie schleppte sich in ihr kleines Kabinett, und während
sie sich der unzähligen Klamotten entledigte, die sie wegen
ihrer »Remtismen« trug, malte sie sich den Tanz in allen Farben aus, den sie dieser mannstollen Witwe gemacht hätte.

Und Anna fand sich statt in einem wunderbaren französischen Bett in einem Käfigbett wieder, dessen Federn durch
die Matratze gegangen waren und ihren Mut sinken ließen,
und in einer Küche essen, die nach kaltem Kohl, Kaffee und
feuchten Putzlappen roch.

Nachts schien der Mond durch die vorhanglosen Fenster auf das blonde Haupt einer schlafenden Madonna, auf
dem, einen Moment nur, eine Träne wie ein Diamant glit-
zerte. Sein Lichtkegel erfasste einen Kohlenkasten und ein
abgetragenes Paar Schuhe von Frau Gräber, das einträchtig
neben einem Paar zartrosa Pantöffelchen stand.

[…] Frau Gräber kitzelte ein Geruch von Angebranntem
die Nase, irgendetwas stimmte nicht, und weil sie bei allem
Sinnieren auf keinen grünen Zweig kam, nahm sie ihren
»Inschtinkt« zu Hilfe, der sie, wie sie sagte, immer noch gut
»inschpiriert« hatte. Dieser »Inschtinkt« sagte ihr, dass über
diesem Mädchen Unheil schwebte. […]

Während sie, in der Küche sitzend, ein Keks in ihren
Kaffee tunkte, fragte sie sich, wie, sapperlot, sie Anna wieder loswerden könne, und bereute von ganzem Herzen, dass
sie einem Mieter gekündigt hatte, damit Anna wieder bei ihr
hatte einziehen können.

27

»Ich werde eine Stelle für sie finden. Gar nicht auszu-malen, was der noch alles blüht, bei dem Pech, das sie mit Männern hat. Dafür muss man schon ein bisserl gefestigter sein, als sie's ist.«

In der »Kronen-Zeitung«[9] fanden sie, was sie suchten. Ein junges Mädchen sollte sich tagsüber um zwei Buben küm-mern, gegen freie Kost und Taschengeld. Persönlich brachte Frau Gräber Anna zu der Dame, stellte sie als entfernte Ver-wandte vor und pries sehr dezent Annas Fertigkeiten und ihre Kinderliebe. So wurde sie ihre Mieterin zwar nicht sofort los, aber sie war fest entschlossen, Ersatz für sie zu finden.

Die größte Stärke der Jugend ist ihre Anpassungsfähig-keit. Vom Schloss auf die Straße, aus dem himmelblauen Federbett aufs harte Parkett: Sie steht alles durch. Anna war glücklich, zufrieden und zum ersten Mal in ihrem Leben ungetrübt fröhlich, einfach kindlich fröhlich, wie es nur die Lauterste ihrer Altersgenossinnen sein konnte, die nie mit der anderen Seite des Lebens in Berührung gekommen war.

Ihr Dienst war leicht. Die Buben, gutmütig und wohl-erzogen, waren noch in einem Alter, in dem sie sich etwas sagen ließen. Sie mochten das hübsche Fräulein[10], das, lie-benswürdig und verträumt melancholisch, an ihren kleinen Sorgen teilhatte. Annas Liebkosungen kamen von Herzen, sie fühlte sich in Sicherheit, war dankbar, und Kinder haben ein feines Ohr für reinen Klang. Die Dame des Hauses, an-fangs ein wenig irritiert von Annas Schönheit – das könnte ja leicht häusliche Komplikationen geben –, war nach einem Monat völlig entzückt von dieser jungen Frau.

Beim Abendessen fragte sie eines Tages ihren Gatten: »Hast du je eine reinere, ehrlichere Person als Anna gese-hen? Wir müssen alles tun, um sie zu behalten, die Kinder lieben sie, und sie hat einen guten Einfluss auf sie. Ich würde sie gerne zu uns ins Haus nehmen. Was meinst du?« – »Ja, vielleicht sollten wir das. Wir sollten darüber nachdenken.«

Doch bevor dieser Plan umgesetzt wurde, passierte etwas, das wir leichtfertig Zufall nennen, das aber beweist, dass sich das Schicksal nicht so leicht den Faden entreißen lässt, den es geknüpft hat.

[»Barrières«, Kapitel 6, S. 52–53.]

An einem milden Frühlingstag hat der jüngere ihrer beiden Schützlinge hohes Fieber. Im honorigen Medizinalrat, der zu Rate gezogen wird, erkennt Anna, als er ins Krankenzimmer tritt, augenblicks einen Kunden aus der Waaggasse. Empört darüber, dass »eine wie sie« sich in eine gutsituierte, anständige Familie eingeschlichen habe, droht er mit einer Anzeige, lässt sich durch ihr Flehen nicht erweichen, sondern verbietet ihr das Haus – aus Angst, seine Klientel aus den besten Wiener Kreisen zu verlieren.

Mit dem Frühstückskaffee wird Anna auch von Frau Gräber vor die Tür gesetzt. In der »Karlstraße« findet sie in der Werkstatt einer Schneiderin eine bescheidene Kammer.

Bei dieser verknöcherten alten Betschwester entdeckte Anna eine Quelle, aus der sie ohne Argwohn trank. Das hatte eine Trunkenheit zur Folge, die ihre weitere Entwicklung entscheidend beeinflusste und sie auf einen Weg brachte, den sie nicht mehr verlassen konnte, obwohl sie weder das körperliche noch das geistige Vermögen hatte, ihn zu gehen.

Eines Morgens bereitete Anna ihr Frühstück in der kleinen Küche selbst zu, die Tür zum Zimmer ihrer Vermieterin stand offen. Das Tablett mit ihrem Frühstück in der Hand, erhaschte Anna mit einem Blick ins Zimmer eine Reihe rot gebundener Bücher. Es regnete, Anna hatte ein wenig Fieber und Halsschmerzen, sie musste zu Hause bleiben und wusste nicht, wie sie die Langeweile totschlagen sollte. Der Anblick dieser Bücher brachte sie auf die Idee, einige auszuleihen. Die Vermieterin bat sie, sehr behutsam mit ihnen umzugehen, denn sie gehörten einem ehemaligen

Mieter, der sie als Pfand für nicht bezahlte Miete dagelassen hatte.

[…] Anna griff sich ein Buch, das nächste, las die Titel und stellte sie zurück. Schließlich wählte sie wegen des Titels, den sie lustig fand, »Der Idiot« von Dostojewski. Der Name des Autors sagte ihr nichts, aber der Titel gefiel ihr. Mit diesem Buch verschwand sie in ihr Zimmer.

Bis dahin hatte Anna nie etwas von einigem literarischen Wert gelesen. Als Kind hatte sie gelegentlich Sherlock-Holmes-Hefte gelesen, die ihr ihre Brüder liehen und die, als sie sie bekam, so zerrissen und angeschmutzt waren – ihre Brüder hatten sie aus zweiter, dritter Hand –, dass sie zuerst ihren Ekel überwinden musste. Aber sie war nicht erpicht genug auf Abenteuer, um sich für diese Revolvergeschichten zu interessieren. Ihre Mutter las nicht, sie hatte keine Zeit dafür. In der Klosterschule hatten die Kinder als Lesestoff nur den Katechismus und Heiligenlegenden.

War ihr Gehirn vom Fieber überreizt, oder war Anna für das Tragische dieser Literatur prädestiniert? Die Lektüre war jedenfalls so überwältigend, dass Anna davon ein Nervenfieber bekam, das ihre kleine Lebensflamme zu löschen drohte. Da ihre Vermieterin sie nicht pflegen konnte, wurde sie ins Krankenhaus gebracht, wo sie fünf Wochen lang in den Klauen des Deliriums verharrte. Ein Strahlen im Blick, sagte sie der Krankenschwester, die sich um sie kümmerte, dass sie sterben wolle, sprach davon, »die Leiden der Güte Gottes auf sich zu nehmen«, und von »der edlen Seele Aljoschas«. Unter Tränen versuchte sie sie davon zu überzeugen, dass sie Nastassjas Schicksal teile, und »Myschkin« schreiend fiel sie in Ohnmacht.

Als Anna wieder auf zittrigen Beinen stand, schwankte sie wie ein Schilfrohr im Wind. Sie war fast durchsichtig, ihre Augen, in denen ein übernatürliches Licht zu leuchten schien, wirkten vergrößert. Sie hatte kein Fieber mehr, aber ihr Herz und ihr Hirn brannten, als stünden sie in Flammen. Sie sehnte sich mit jeder Faser nach einer Existenz, die ihre Seele wie einen in die Freiheit entlassenen Vogel zu geistigen Höhen schweben ließ, wo Sinn und Zweck des Lebens lagen.

Im Schanigarten eines bekannten Künstlercafés in der Nähe der Secession traf sie Egon Sch... Er war zwanzig Jahre alt, hatte schwarzgelocktes Haar, die feurigen Augen eines Fanatikers, ein bubenhaftes dreieckiges Gesicht und sehr schlechte Zähne. Er führte sie zu seinem Atelier in der Alser Straße, öffnete die Tür und sagte: »Erschrecken Sie nicht, liebes Kind.«

Diese Warnung kam nicht von ungefähr. Was da an den Wänden hing, erschien Anna mehr als gruselig, und sie hätte beinah die Flucht ergriffen.

»Sie können das noch nicht verstehen, aber ich werde Ihnen alles nach und nach erklären.« Und er sah sie mit seinen glühenden schwarzen Augen an. Vorsichtig half er ihr aus dem Mantel, nahm ihre Mütze und sagte: »Sie sind wirklich ein schönes Mädchen.«

Fast alle Bilder zeigten nackte Figuren mit proportionierten Gliedmaßen, aber nicht eine hatte normale Haut. »Das gibt es nicht, diese Menschen haben keine Haut.« Anna begann zu lachen. »Wissen Sie, woran mich das erinnert? An einen abgezogenen Hasen.« Dieser Eindruck war gar nicht so daneben. Egon sah die Welt auf eine spezielle Weise, er sah ihr sozusagen unter die Haut und malte sie grün, blau und rot.

Und dann diese Positionen: Frauen mit gespreizten Oberschenkeln, die ihr Geschlecht dem Betrachter entgegenstrecken. Anna starrte und starrte, und mit einem Mal erschien ihr das nicht mehr so grotesk, sie sah nicht mehr die Farben, sondern die geniale, unglaublich getreue Wiedergabe des Körpers und rief unvermittelt: »Ja, ja, so sind wir, so kauern wir, stimmt, genau so.«

Egon S..., der berühmt werden und jung sterben sollte, hat diesen Satz nie vergessen. Seiner Frau sagte er später: »Dieses Mädchen, so schön, aber so dumm, machte mir gegenüber, nachdem sie den ersten Schreck überstanden hatte, so kindische Bemerkungen, dass ich es bereute, sie mitgebracht zu haben. Und dann sagte sie plötzlich, ganz verträumt, fast geistesabwesend: ›Ja, ja, so sind wir, genau so.‹ Was dieses Mädel da sagte, wog schwerer als alles, was ich später Schmeichelhaftes über meine Arbeit hörte, denn plötzlich wusste ich, dass ich auf dem Weg zur Wahrheit war.«

Am nächsten Morgen frühstückte Anna mit Egon gekochte Erdäpfel und ein wenig Milch – in dieser Zeit hatte er kein Geld – und beschloss, zu ihm zu ziehen. Egon war glücklich, sehr fröhlich und ging freudig an seine Arbeit, denn sie hatte versprochen, ihm Modell zu stehen.

Anna kehrte in die Karlstraße zurück, öffnete ihr Skapulier, nahm Geld heraus und schloss es wieder, fast leer. Sie verstaute ihre paar Habseligkeiten im kleinen Pappkoffer und kündigte der Vermieterin. Von nun an würde sie bei einem Freund wohnen.

Anna war seit einem Monat schwanger, von einem Mann, dessen Namen sie nicht kannte, und den sie nie wieder sah. Er hatte sie überredet, mit ihm in ein Hotel zu gehen. Er habe leider seinen Wohnungsschlüssel verloren. Nachdem er von ihr alles bekommen hatte, was er gewollt hatte, sagte er zärtlich: »Warte kurz auf mich, Liebling, ich rufe einen Freund an, vielleicht habe ich meinen Schlüssel ja bei ihm vergessen.« Anna wartete im Hotelzimmer, bis ihr klar wurde, dass er nicht zurückkommen würde.

Mit einer warmen Decke und einem kleinen Polster, die sie unterwegs gekauft hatte – sie hatte in der Nacht davor furchtbar gefroren –, zog sie bei Egon S... ein – in der Gewissheit, dass für sie nun ein Leben im Sinn Dostojewskis begann.

Anna erbrach sich nach jedem Frühstück, was sie auf die Erdäpfel zurückführte, an denen Egon festhielt. Das sei die einzige Nahrung, die lang im Magen bleibe, so dass man während der Arbeit nicht vom Hunger abgelenkt werde. Anna machte sich langsam ernsthafte Sorgen, und als ihre Regel ausblieb, ging sie zum Arzt.

»Nein, mein Kind, Sie sind nicht krank, Ihr Magen ist in Ordnung, aber Sie sind schwanger.«

Weit davon entfernt, zu weinen oder verzweifelt zu sein, wie der Arzt befürchtet hatte, fragte sie ihn lachend, wie viel sie ihm schulde, bat dann um Rat für ihren Zustand und verließ fröhlich das Behandlungszimmer.

Zurück im Atelier, sagte sie zu Egon: »Ich war beim Arzt, es geht mir gut, aber ich bin schwanger. Nicht von dir, sondern von einem Mann, den ich nicht kenne, von dem ich nicht einmal weiß, wie er heißt. Es ist vor etwa sechs Wochen passiert, es ist ein Malheur, aber was soll ich schon tun? Sag ehrlich: Willst du mich behalten? Wenn nicht, gehe ich.« Und sie schaute ihn fragend an. – »Da hast du dir was eingehandelt! Du bleibst natürlich. Wir haben ja noch etwas Zeit. Wir werden das schon irgendwie hinkriegen.«

Keiner von ihnen dachte auch nur im Entferntesten daran, was auch immer zu unternehmen, um die Angelegenheit zu bereinigen. Anna stand Modell, sitzend, ausgestreckt liegend, im Stehen, in allen möglichen Positionen, manchmal so geschwächt vor Hunger und Müdigkeit, dass ihr schwarz vor Augen wurde und sie wie ein leerer Sack zusammenfiel. Egon, der wie ein Verrückter arbeitete, kam aus seiner Trance erst wieder zu sich, wenn er den Plumpser hörte, den ihr Körper beim Aufschlagen machte. Er machte ihr zärtlich Vorwürfe, dass sie ihm nicht zu verstehen gegeben hatte, dass sie nicht mehr konnte. Aber er wurde wütend, wenn sie eine Pause haben wollte: »Ausgerechnet dann, wenn ich gerade in Fahrt bin, macht sie schlapp!« Oft warf er den Pinsel hin und war den ganzen Tag schlecht drauf, fluchte über die Hundsarbeit oder haute einfach ab, um eine Runde zu drehen. Anna war so unterernährt – das Kind raubte ihrem Körper alle Kraft –, dass sie oft das Gefühl hatte, sie werde bei lebendigem Leib aufgefressen. Die Rettung kam im letzten Moment. Egon S... hatte einen Freund, einen Mäzen, Dr. Graf, der lang im Ausland gelebt hatte und gerade zurückgekehrt war. Ihm war es zu verdanken, dass Anna das Kind unter menschenwürdigen Bedingungen auf die Welt bringen konnte. Er glaubte unbeirrbar, dass Egon die Zukunft gehöre, und war damals der einzige, der dessen Genie erkannte. Er nahm die beiden unter seine Fittiche, übernahm die Kosten von Annas Klinikaufenthalt, damit sie nicht, wie sonst üblich, als Versuchskaninchen für Gynäkologiestudenten herhalten musste, und gab ihr Geld, um das Notwendigste für das Kind zu kaufen.

Anna sah ein, dass sie mit dem Kind nicht in Egons Atelier unterkommen konnte. Dr. Graf besprach das ausführlich mit ihr, er sagte, Egon sei zu jung, um Verantwortung für ein Leben in einer Familie zu übernehmen. Als Künstler müsse er frei bleiben, sonst würde er zusammenbrechen. Das müsse sie verstehen. Er, Dr. Graf, wolle Egon Reisen nach Italien und Frankreich finanzieren, damit er sich künstlerisch weiterentwickeln könne, usw., usf.

Es war ein sehr schwerer Schlag für Anna. Obwohl sie das alles einsah, konnte sie sich nicht ohne Verbitterung damit abfinden, dass Egon sie mir nichts, dir nichts fallenließ.

Er kam noch ein paarmal in die Klinik, machte einige Zeichnungen vom Neugeborenen in Blau und Rot, wünschte ihr viel Glück und verschwand. Anna und ihr Kind wurden in einem Fürsorgeheim für ledige Mütter untergebracht. Drei Monate verbrachte sie dort, lernte Steno und Maschinschreiben. Der Vormund, der für das Kind bestellt worden war, übergab dieses einer Amme und fand für Anna eine Stelle in einem Büro.

[»Barrières«, Kapitel 9, S. 59–64.]

»Gestern kam L. A. an die Klinik und wurde aufgenommen. Sie bewohnt ein Zimmer mit einer 2ten Frau zusammen, und scheint sehr unglücklich über Ihre Untreue zu sein. – Es ist wohl für Sie und sie besser so«, erfährt Egon Schiele aus einem mit »Graff« unterzeichneten Schreiben vom 18. Mai 1910, das den Briefkopf »K. k. Universitäts-Frauenklinik (Vorstand: Prof. A. v. Rosthorn)« trägt.[11] Das Rätsel, wer sich hinter den Initialen »L. A.« verbirgt, ist nun gelöst. Es ist nicht, wie in der Schiele-Literatur bisweilen gemutmaßt, Alma Lorber, eine Figur aus Siegfried Freibergs Egon-Schiele-Roman »Ihr werdet sehen ...«,[12] sondern Liliana Amon.

Die Fakten (soweit sie zu rekonstruieren sind): Egon Schiele, Jahrgang 1890, verlässt im Sommer 1909 nach dreijährigem Studium die k. k. Akademie der bildenden Künste in Wien, um – gegen den Willen seiner Mutter sowie seines Vormunds und Onkels Leopold Czihaczek – als freischaffender Künstler zu leben. Er haust – O-Ton Schiele – »hundselend«[13] von Oktober 1909 bis Ende Oktober 1910 in einem versifften »Atelier« in der Alserbachstraße 39, hungert oft.

Eine Wende zum Besseren bringt im Dezember 1909 die Ausstellung der von ihm mitgegründeten »Neukunstgruppe« im Kunstsalon Gustav Piskos. Schiele lernt dort bei der Vorbesichtigung den Kunstkritiker Arthur Roessler kennen, der seine Bedeutung erkennt, sich nicht nur publizistisch für sein Werk starkmacht, sondern ihm auch mit Rat und Tat zur Seite steht. Roessler macht ihn mit finanzkräftigen Sammlern bekannt, empfiehlt ihn etwa dem Großindustriellen Carl Reininghaus. Auf einer der von Reininghaus wöchentlich gegebenen ausgelassenen Abendgesellschaften lernen einander Erwin von Graff, Gynäkologe an der Zweiten k. k. Universitäts-Frauenklinik, und der Künstler kennen und schätzen. Graff erlaubt Schiele, in die Klinik zu kommen und seine hochschwangeren Patientinnen und Neugeborene zu zeichnen.

Vom 18. Mai 1910 – Schiele ist sechs Tage zuvor nach Krumau / Český Krumlov, der Heimatstadt seiner Mutter, aufgebrochen – datiert der zitierte Brief Erwin von Graffs. Das »Aufnahmsprotokoll für die niederösterr. Gebäranstalt« vermerkt unter dem 17. Mai und der Journalnummer 4561 den »Eintritt« von »Amon / Bibiana Marie / 18 J. k[atholisch] l[edig] Modell / 23.6.1892« – so die Einträge in der Rubrik »Vor- und Zuname, Alter, Religion, Stand, Beschäftigung« –, und zwar in die »II. Abteilung«.[14]

Das Geburts- und Taufbuch der Pfarre Alservorstadt wie auch das Taufbuch des Alservorstadtkrankenhauses dokumentieren unter dem 9. August und der »Reihenzahl« 5551 die Geburt einer Tochter, die zwei Tage später auf die Namen Liliana Marie getauft wird.[15]

Unter »Abgang aus der Anstalt« steht im Aufnahmsprotokoll in der Rubrik »Wöchnerin« »8.6.«, das dürfte verschrieben sein für: 8.9. Zum Kind fehlt dort jegliche Angabe in den vorgesehenen Rubriken »Tag der Entbindung«, »Geschlecht«, »Name« und »Abgang aus der Anstalt«, es findet sich lediglich die grüne Stempelung »Zur Aufnahme in die Findelanstalt geeignet«. Amons Tochter scheint aber in den Aufnahmeprotokollen des Findelhauses nicht auf.[16] Die Rubriken »Vater« in den Geburts- und Taufbüchern respektive »Name des Ehegatten« im Aufnahmsprotokoll sind ebenfalls leer.

Graff könnte für die Gefälligkeit, die er Schiele erwies, dafür, dass er ihm die junge Frau samt Balg vom Hals schaffte, sein Porträt in Öl, das im Sommer 1910 entstandene »Bildnis Dr. Erwin von Graff«, erhalten haben. Etliche der bis dato anonymen Schiele-Zeichnungen und Bilder der Jahre 1909, 1910, insbesondere auch der sogenannten »gynäkologischen Aquarelle« – Schwangere mit teils wie auf dem Untersuchungsstuhl weit gespreizten Beinen in grellen Orange- und Rottönen – könnten nunmehr einen Namen erhalten.[17]

Für den 23. Dezember 1911 wird »Bibi Amon« als Mitwirkende an einem »österreichischen Autorenabend« angekündigt, den der Wiener Schriftstellerverein »Die Scholle« in den Beethoven-Sälen veranstaltet, und zwar als Vortragende. Auf dem Programm stehen Texte von Arthur Schnitzler, Albrecht Grafen Wickenburg, Siegfried Trebitsch, Stefan Zweig, Dora von Stockert-Meinert, J. G. Frimberger, Richard Nordmann und Grete von Urbanitzky. Weitere Vortragende: Georg Jantschge, Ferdinand Onno, Else Rosinger, Ernest Weiß.[18]

Im Wiener Stadt- und Landesarchiv haben sich über den Zeitraum Jänner 1910 bis April 1918 sechzehn Meldezettel, unterzeichnet mit »Bibiana«, »Lylyana«, »Maria Lillyana« oder »Maria Bibiana« Amon, erhalten. Die Unterlagen, die große zeitliche Lücken aufweisen, unter anderem von August 1913 bis September 1917 – Amon meldet sich am 3.8.1913 nach Berlin ab –, dokumentieren häufige Wohnungswechsel; allein von Feber 1912 bis August 1913 liegen Meldungen an zwölf Privatadressen vor. Ab Herbst 1917 weisen sie unter der Rubrik »Vorher« resp. »Abgemeldet« Aufenthalte in Wiener Hotels, u. a. »Bristol«, »Ungarische Krone«, »Erzherzog Rainer«, nach. Unter der Meldezettel-Rubrik »Charakter (Beschäftigung)« gibt Amon an: 1910 Malerin, 1912 Handelsschülerin, 1912/1913 Korrespondentin, 1917/1918 Sängerin. »Korrespondentin«, also eine den kaufmännischen Briefverkehr führende Bürokraft, ist auch ihre Berufsbezeichnung auf der »Fremden-Liste« resp. »Kur-Liste Bad Ischl« im August 1912.[19]

»Venedig« gibt Bibiana Amon unter der Meldezettel-Rubrik »Wohin?« an, als sie sich per 9. Juni 1913 von der Adresse Wien I., Himmelpfortgasse 25/25, wo sie seit 22. April desselben Jahres wohnt, abmeldet. Freunde Peter Altenbergs hätten ihn, als Autor impressionistischer Prosaminiaturen Virtuose des Flüchtigen und Fragmentarischen, als exaltierter »Lebenskünstler« und schrulliger Gesundheitsapostel eine öffentliche Wiener Angelegenheit, zur Erholung dorthin geschickt und ihm Bibiana »zur Begleitung mit[gegeben]«, erzählt Otto Soyka: »Die beiden Individualitäten stießen hart aufeinander. Als Altenberg den Versuch machte, den Markusplatz seelisch zu erfassen, unterbrach Bibiana den geheimnisvollen Prozeß: ›Hast net bald gnua von dem zugigen Hof?‹ Sie wollte beide treffen, Markusplatz und Dichterseele – es gelang ihr.«[20]

Peter Altenberg brach am 2. Mai 1913 nach einer knapp fünfmonatigen Internierung in der »Niederösterreichischen Landesirrenanstalt« Am Steinhof auf dem Gallitzinberg im Westen Wiens in Begleitung von Adolf Loos und Bessie Bruce zur Erholung nach Venedig auf. Neben Karl Kraus verbrachten auch Hermann Bahr und Anna Bahr-Mildenburg, Georg Trakl, Ludwig und Cissi von Ficker, Richard Beer-Hofmann, Arthur Schnitzler, Mizzi Thumb, Heinrich Mann, Jakob Wassermann, Samuel Fischer mit Familie, Lotte und Franz Zavrel, Tilla Durieux und Paul Cassirer ihren Sommerurlaub am Lido und leisteten Altenberg Gesellschaft. Dessen anfänglicher Enthusiasmus wich nach und nach depressiver Verstimmung – unter dem Einfluss des Abführmittels Rhamnin und des Schlafmittels Paraldehyd, die er als Jungbrunnen ansah und exzessiv überdosiert nahm, und Unmengen Alkohols.[21]

Tilla Durieux, die in Begleitung Paul Cassirers (»P. C.«) und Lajos Hatvanys im Tourenwagen des Letzteren – mit Chauffeur, versteht sich – angereist war, schildert in ihren »Erinnerungen« den etwas rauen Ton, den Bibiana ihrem Schützling und dessen illustrer Gesellschaft angedeihen ließ: »Am Morgen trafen Paul, Hatvany und ich Peter Altenberg am Markusplatz. Peter Altenberg, ein durch seine witzigen Aperçus bekannter Wiener Essayist, hatte ein Mädchen aus Wien bei sich, das uns unter dem Namen Bibiana vorgestellt wurde. Peter, das Original, war durch die Gunst eines Wiener Freundes zu dieser Reise gekommen, denn seine eigenen Taschen blieben ewig leer. Andere Freunde aber wollten sich ›a Hetz‹

machen und sammelten untereinander Geld, um ihm Bibiana nachzuschicken, der sie einredeten, Peter sei schwer krank und der Pflege bedürftig. Das erste, was Altenberg tat, war, daß er Paul und Hatvany darauf aufmerksam machte, seinem Kopf fehle ein Hut, worauf beide sofort mit Peter verschwanden, um einen zu kaufen. Mich hatte man in der Zwischenzeit der Unterhaltung Bibianas überlassen. Während sie Eiskaffee, Kuchen, Schokolade, wieder Kuchen und wieder Eiskaffee wahllos durcheinander verschlang, äußerte sie sich über die einzelnen Passanten: ›Schaun S' den an, der is fesch, net? – Na, aber den mecht i net. Hat der vielleicht a Nasn, mechtn S' dem a Busserl gebn? – I net. Schaun S' die an, was die auf hat, was für an verruckten Deckel. – Mechtn S' den tragen? – I net.‹ So ging das ohne Pause. Endlich erlösten mich die Herren, Peter Altenberg war nicht nur mit einem neuen Hut beladen, sondern auch mit Paketen, in denen sich Krawatten, Strümpfe, Seife, Zahnpasta und weiß Gott was noch befanden. Bibiana, vollgestopft mit Kuchen bis zum Platzen, sah sich noch ein Weilchen am Markusplatz um, sie fragte dann: ›Peta, geh schau, jetzt is mir schon gnug, auf dem langweilign Hof umeinand, könn ma net wo anders hingehn, wos schöna is?‹ Worauf P. C. überhöflich sagte: ›Gnädiges Fräulein, der Markusplatz ist der berühmteste Hof der Welt.‹ – ›So? – Mir gfallt er net.‹

P. C. wurde darauf ganz kleinlaut und entfernte sich mit mir, um sich bei schönen Bildern von Bibiana zu erholen. Zum Mittagessen trafen wir uns wieder, denn Peter mußte geholfen werden, seine gefräßige Bibiana durchzufüttern. Im Restaurant entfaltete sie ihre Tätigkeit als Krankenschwester und untersagte Peter jedes gewählte Gericht mit der Begründung, es sei schädlich für seine Gesundheit. Bestand er aber darauf, so machte sie hinter seinem Rücken dem Kellner Zeichen, deutete auf die Stirn, schüttelte den Kopf dazu, so daß keiner im unklaren blieb, einen Irren vor sich zu haben. Endlich legte sich Paul energisch ins Mittel, sonst wäre der arme Peter schließlich verhungert.

Am Nachmittag trafen wir den Wiener Architekten Loos und seine Frau (nicht zu verwechseln mit dem Schauspieler Loos). Frau Loos war eine der Sisters Barrison[22], die einstmals die ganze Welt entzückten. Die ganze Gesellschaft wurde nun für den nächsten Tag zu einer Motorbootfahrt eingeladen. Aber was für eine Hölle hatten wir mit dieser Einladung entfesselt! Bibiana und Frau Loos, deren Blütezeit vorbei war, maßen sich sofort mit feindlichen Blicken, und kaum auf dem offenen Meer, brach auch die offene Feindschaft los.

Bibiana öffnete ihr kleinbürgerliches Herz und spie Verachtung gegen Barrison, die sich mit ihren internationalen Triumphen hoch über Bibiana stehen fühlte. Peter Altenberg wimmerte in den Pausen des Duells leise vor sich hin, er wolle nach Hause, ihm sei übel, und wer weiß, was das Motorboot tauge, plötzlich bräche ein Sturm los, und alles könne aus sein. Da fiel ein böses Wort von Bibianas Seite, und Barrison kreischte: ›What, ich ein Hur gewesen sein, ein solche Gosch, sein selber Hur, ich ein sär anständige wife. I have husband, Sie nix, Sie Hur! Sie Hur!‹ Worauf Bibiana mit gezückten Krallen auf ihre Feindin losstürzen wollte. Wir hielten sie mit Mühe zurück und umklammerten ihre schlag- und kratzbereiten Hände. Barrison flüsterte weinend: ›O, if daddy and mummy would know!‹ – Der arme Loos, der stocktaub war, wünschte fortwährend, man möchte ihm den Grund des Streits laut ins Ohr erklären. Kurz, es war eine reizende und erfrischende Meerfahrt. An Land gekommen, flohen wir mit den verstörten Zavrels in eine Ecke Venedigs, wo uns niemand finden konnte. Loos reiste ab mit seiner tiefgekränkten Barrison, und Peter war das Geld ausgegangen. Da er uns nicht fand, zog auch er mit seiner Bibiana wieder nach Wien. So verlebten wir allein noch einige schöne Tage, bevor wir zurück nach München zur Arbeit eilten.«[23]

Auch Lotte Zavrel ist, gelinde gesagt, befremdet über den ruppigen Ton, in dem Bibiana Amon – in ihrer Venedig-Reminiszenz Walpurga – ihre Aufsichtspflichten über den von ihr in jungen Jahren vergötterten Dichter wahrnimmt, den Zavrel im Sommer 1913 auf dem Markusplatz persönlich kennenlernt: »Er saß vor einem der kleinen runden Marmortische, den Kneifer am schwarzen Band, sah etwas mißmutig aus und gab auf die Frage, wie ihm Venedig gefalle, zur Antwort, daß das Bier warm und schlecht und jedenfalls im Café Central in Wien viel besser sei.

›Aber Peter!‹ sagte die blonde üppige Person, die neben ihm saß. Dann sah sie sich gelangweilt auf dem Platz der Plätze um und fragte: ›Was ist das eigentlich für ein abscheulicher Hof, auf dem man hier stundenlang sitzt?‹ ›Aber Walpurga!‹ sagte Peter und sah uns Neugekommene geniert und Hilfe suchend zugleich an. Gelacht hat keiner, nicht einmal gelächelt. Wir waren alle erstaunlich gut erzogen.

Wer war Walpurga? Er hatte sie am Abend vor seiner Abreise nach Venedig im Café Central kennengelernt, in irgendeiner – sicher sehr pointierten Form – etwas Wohlwollendes über sie geäußert, und schon hatten sich die guten Freunde aus dem Kaffeehaus den Ulk gemacht, dieser Walpurga eine Fahrkarte nach Venedig zu kaufen und sie ausstaffiert mit Anweisungen, aufzupassen, daß Peter nicht zu viel rauche und daß Peter nicht zu viel trinke, ihm nachzuschicken. Nun war er mit ihr behaftet und schien gar nicht sehr glücklich darüber. Sie erfüllte ihre Mission, indem sie alle Viertelstunde – in jede Unterhaltung hinein – ein ›Schau, Peter, trink nit so vüll!‹ oder ›Geh, Peter, rauch nit so vüll!‹ fallen ließ. Mehr sagte sie eigentlich nicht. Er zuckte jedesmal nervös zusammen und klammerte sich an uns, hielt uns fest und schob uns räumlich und geistig zwischen sich und Walpurga.

Man beschloß, den Abend zusammen zu verbringen. Es war kühl, und ein Kino wurde vorgeschlagen. ›Den Film hab' ich g'sehn, da geh' ich nimmer 'nein.‹ So Walpurga. Also in die Oper. ›Ins Parkett geh' i net, und eine Loosch' kann i net zahl'n.‹ ›Ja, aber, liebes Fräulein, Sie sind doch selbstverständlich unser Gast‹, wendete einer unserer Herren ein. ›Ja, was glauben denn Sie? Glauben Sie, ich lass' mir was zahl'n?‹ Und als wir dann im Lift auf den Campanile wollten, stürzte sie voraus, sich ihre Liftkarte um Gottes willen selber zu lösen. Ja, so fein waren wir andern Damen natürlich nicht. Aber hübsch war sie, gerstenblond, mit den gewissen verschwommenen Wiener Augen – schlampe[r]te Augen –, und sehr lange Beine hatte sie, aber etwas zu viel Mehlspeisphlegma, das sich besonders in dem hüftenwiegenden, beckenbetonten Gang ausdrückte. [...]

Als abends im ›Cavallo nero‹ Walpurga, die nichts zu sich nahm als ein Glas Milch, damit wir sie um Gottes willen nicht für ›so eine‹ hielten, ›die sich ein Nachtmahl zahlen läßt‹, wieder beständig mit ihrem ›Trink nit so vüll, Peter!‹ die Stimmung stark beeinträchtigt hatte, mal einen Moment hinausging, sagte Peter flehend wie ein Kind: ›Schaffts mir das Weib vom Hals, ich halt's nicht mehr aus.‹ Es wurde wieder gesammelt, und Uli übernahm, sie am nächsten Tag in den Schnellzug nach Wien zu expedieren. Addio, Walpurga! Peter atmete auf, und das Bier war wieder trinkbar.«[24]

Bibiana Amon kehrt schon früher nach Wien zurück. Sie ist ab 4. Juli 1913 unter der Adresse Rotenturmstraße 5/6 gemeldet. Peter Altenberg schließt an seinen Venedig-Aufenthalt in der zweiten Augusthälfte eine vierzehntägige Tour durch die Dolomiten an – im Auto, chauffiert von seinem Mäzen Ernst von Lieben.

Weder der Abstecher nach Venedig noch die Beziehung zu Peter Altenberg fanden Eingang in »Barrières«. Eine kurze Passage aus Altenbergs 32-seitigem Zyklus »Venedig«, dürfte sich indes auf Bibiana Amon beziehen: »Von Berühmtheiten der modernen Zeiten waren hier außer mir: Heinrich

Mann, Jakob Wassermann, Max Oppenheimer, Tilla Durieux, Adolf Loos, Eduard Stucken. ›No, und ich bin nix?!‹ sagte die Neunzehnjährige, die sich von mir die Hotelrechnung bezahlen ließ. ›Welche kann das noch von sich behaupten, daß ein solcher Schmutzian wie du für sie hat bezahlen müssen?!‹«[25]

Ob Peter Altenberg, der schwärmerische Erotomane mit seinem fatalen Hang zu jungen Mädchen – plan gesprochen: zur Pädophilie[26] –, wie Milan Dubrovic kolportiert, Bibiana Amon in der Wachau aufgegabelt hat oder sie selbst ins Literatencafé in der Wiener Herrengasse gefunden hat, das »Kürschner's Literaturkalender« ab 1897 als dessen Adresse angibt, bleibt unklar. »Eines Tages war sie da, im Café Central, blond, zart, achtzehnjährig bis in die Fingerspitzen. Von all den Ismen, die damals, vor dem ersten Kriege noch, an den Kaffeehaustischen blühten, wußte sie nichts, aber an reichlich provokantem Eigenwillen fehlte es ihr nicht, auch nicht an Witz.«[27]

Anna Lissers Einstand im Café Central schildert Amon so:

Der Instinkt lenkt das Tier und oftmals auch den Menschen – der sich einbildet, rein instinktive Antriebe entsprängen seiner Vernunft. Wie ein durstiger Vogel eine Quelle findet, entdeckte Anna schließlich die Menschen, die sie schon seit langem gesucht hatte, eine Gruppe Literaten, die ihren Stammtisch in einem großen Café hatte. Der Kellner, der diese Stammgäste bediente, hatte Tuberkulose. Außerdem hatte er Plattfüße, was seine Arbeit nicht leichter machte und hingereicht hätte, ihm sein Leben zu vergällen – umso mehr, als er schwer Möchtegerne dafür verantwortlich machen konnte. Aber er hasste sie vor allem deswegen aus ganzer Seele, weil sie um ein Uhr nachmittags einen Kaffee bestellten und dann zehn Stunden und länger blieben. Während dieser Zeit verlangten sie ununterbrochen frisches Wasser nach, nahmen alle Zeitungen in Beschlag und betrachteten das Café als ihr Hauptquartier. Wovon lebten sie? Es war für alle ein Rätsel, besonders aber für den Kellner Johann. Klar war, dass sie nicht von einem Arbeitgeber dafür bezahlt wurden, dass sie ins Café gingen. Und wenn es etwas auf dieser Welt gab, das Johann von ganzem Herzen verabscheute, dann waren das Leute, die nichts arbeiteten und trotzdem lebten. Leute ohne Vermögen, arme Leute, Hungerleider, die einen Weg fanden, zu leben, ohne dem Leben den Tribut der Arbeit zu entrichten, das ging über seinen Verstand. […]

Am von Johann so verabscheuten Tisch saß also eine Schar junger Männer, zehn, zwölf in etwa, zwischen sechzehn und zweiundzwanzig Jahre alt, und ein circa Fünfunddreißigjähriger, der ihr Chef, ihr Meister, ihr Prophet war. Trotz aller Unterschiede in Herkunft, Nationalität, Bildung und Temperament, die sie hätten entzweien können, einte sie ein Gemeinsames, das ihrem Leben Sinn und Zweck gab, das sie zu einem Block zusammenschweißte, an dem sich ihre Gegner blutige Nasen holten.

Der Zweck ihres Strebens? – Die Welt aus den Angeln heben, ihre Ordnung, die ihnen unsinnig erschien, zerstören, sie in Stücke schlagen, keinen Stein auf dem andren lassen und sie dann nach ihren Vorstellungen neu bauen! Vor allem Kunst und Literatur, das waren die Ausgangspunkte ihres destruktiven Elans. Jeder von ihnen fühlte sich berufen, jeder sah sich als gottgesandt in heiliger Mission: aller Welt die Augen zu öffnen, sie sehend zu machen und sie so zu befähigen, an der Freude ihrer neuen Schöpfungen teilzuhaben. […] Praktisch täglich wurden hier Werte in Unwerte verwandelt, wurde ein Großer zurechtgestutzt, auf Null reduziert, und eine Null auf den Sockel gehievt. […] Goethe war für sie ein Ignorant, der seine Köchin in den Hintern kniff und lieber gemeinsame Sache mit den Großen dieser Welt machte, statt geduldig im stillen Kämmerlein Hungers zu sterben. Einzig der zweite Teil des »Faust« bewahrte ihn davor, in den Orkus gestoßen zu werden, wo einige Zeitgenossen schon am Verrotten waren. Dieser bequeme Herr hatte ein so hohes Alter erreicht, obwohl er Gedichte geschrieben hatte. Das war in ihren Augen unvereinbar. Ein Dichter hatte wie ein Asket zu leben und kein Gramm überschüssiges Fett auf den Knochen zu haben. […] Man schwemmte die Ställe der Literatur mit Hochdruck, mistete sie beherzt aus, um frischen Wind hineinzubringen.

[…] Jedenfalls, was die deutsche Literatur betraf. Bei der russischen und der französischen Literatur waren sie viel nachsichtiger. Von dort stammten ja die Götter des neuen Olymps, für die sie ihre Lanzen brachen und die die Jugend auf den wahren literarischen Weg führen sollte. Als da waren: Baudelaire, Verlaine, Barbusse, Francis James und André Gide für den Westen sowie unter anderem Puschkin, Arzibaschew, Dostojewski und Tolstoi für den Osten. Die deutsche Literatur wies kaum eine Figur auf, die sie dieser Avantgarde an Genies hätte zur Seite stellen können.

Sie waren so gefangen in ihren endlosen Diskussionen, dass sie vermutlich nicht einmal bemerkt hätten, dass Krieg war, wenn nicht der eine oder andere von ihnen hätte einrücken müssen. Das damalige Tagesgespräch, europaweit, kratzte sie nur insofern, als sie hie und da nachzählen mussten, wie viele sie überhaupt noch waren. Aber da Themen wie »Krieg« und »Frieden« nicht auf ihrer Tagesordnung standen, hätte nicht einmal der Tod eines ihrer Gefährten sie dazu bringen können, darüber zu sprechen.

Über *ihr* Schlachtfeld sollte jedenfalls die neue Generation herrschen, der jene angehörten, die um den Stammtisch herum saßen. Sie waren überzeugt davon, dass die Menschheit sie bereits ungeduldig als ihre neuen Führer erwartete, und verfluchten ihre Jugend, die allein alle Welt daran hinderte, sie ernst zu nehmen. […] Für all das Unverständnis

45

der Menschheit gab es einen Schlüssel, und dieser Schlüssel hieß Sigmund Freud. Er war die Sonne, die in jegliches Dunkel hineinleuchtete und Widerrede und Unwissenheit entlarvte, die Sonne, die unnachsichtig alles enthüllte und ihnen die Kraft gab, die breite Ablehnung lächelnd zu ertragen. Gottlob stand hinter dieser Ablehnung reiner Neid, der Neid der Ohnmächtigen auf eine Jugend, die ungeheuer vielversprechend war, der die Türen des Lebens weit offenstanden und die allein dazu berufen war, den Glorienschein zu tragen.

Ihnen kam die Aufgabe zu, den Augiasstall der deutschen Literatur gründlich zu säubern. Bei dieser Herkulesarbeit, der sie sich mit so viel Hingabe und Elan widmeten, dass ihre Augen vor Begeisterung funkelten und die Pickel auf ihren noch bartlosen Wangen sprossen, stand ihnen der »Prophet« zur Seite. Der Prophet achtete darauf, dass diese jungen Leute nicht *unter* den Mist gerieten, den sie umwendeten. Seiner Führung und Umsicht war es zu verdanken, dass der ganze Klüngel nicht völlig abhob. Er gab den Überspannten den nötigen Dämpfer und sprach den Stillen Mut zu, damit sie nicht frühzeitig resignierten. Der Mann, um den sich diese Jugendlichen scharten, hatte einen bürgerlichen Beruf, er war, nebenbei, der Einzige in dieser Runde, der einem Beruf nachging. Er war belesen, gescheit, bedacht und wie geschaffen dafür, Jünger um sich zu versammeln und sie seiner Erfahrung und Weisheit teilhaftig werden zu lassen. Vor allem hatte er genügend »Selbstdisziplin«, ein wesentlicher Faktor in Bildungssachen, und, wichtiges Detail, er war kein Konkurrent. Er, der es wirklich draufgehabt hätte, zu publizieren, hütete sich nicht nur davor, sondern wies sogar jedes Ansinnen seiner Jünger und glühenden Anhänger von sich, seine Worte niederzuschreiben, die für sie das Evangelium waren. Er begnügte sich damit, sein Wissen mündlich weiterzugeben. Wo nötig, brachte er seine Kritik an, und wo sich Talent zeigte, nahm er es unter seine Fittiche. [...]

Die meisten Jünger stammten aus Prag, und von dorther, von diesem unbestrittenen Zentrum des neuen Denkens, erhoffte sich die Clique eine Belebung der deutschen Literatur und Sprache. [...] Die Prager konnten ein Schwergewicht in die Waagschale werfen: den Dichter August Färber, der damals gerade einen kometenhaften Aufstieg erlebte. Er kam von Zeit zu Zeit nach Wien, er kannte den Propheten und gab Lesungen am besagten Stammtisch. Es war fast so, als würde ein Filmstar die Güte haben, mitten unter seinen Fans Platz zu nehmen. Eingeschüchtert, wagte kein einziger dieser jungen Männer, das Wort zu ergreifen, sie hielten den Atem an, damit ihnen auch nicht eine Silbe der legendären Gespräche zwischen ihm und dem Meister entgehe. Sie lauschten aufmerksam, denn es galt, sich an ihm zu orientieren. Man musste schließlich wissen, was man verwerfen durfte und was gut genug war, um es vom Boden aufzulesen. Wenn der große und verehrte Dichter seinen Schlapphut nahm, kam Bewegung in die Runde. Man vernahm das Rascheln zerknitterten Papiers, der eine oder andere zückte ein zuvor schon vom Propheten abgesegnetes Manuskript aus seiner Rocktasche und händigte es, aus Heidenrespekt stammelnd und mit hochrotem Kopf, dem Dichter ein. Fast immer mit Erfolg.

[...] Manch einer war durchaus begabt und talentiert, und, kaum zu glauben, einige von ihnen sollten später ihren Weg machen. Vorerst einmal liefen die Dinge eher schlecht. [...] Frauen waren nur selten Gast am Tisch, selbst die Frau des Propheten, eine schöne blonde Ungarin, die von allen angebetet wurde, ließ sich nur selten dort blicken. Da erschien Anna.

Der Zufall führte sie in dieses Café, und der Zufall wollte es, dass sie am noch leeren Stammtisch Platz nahm. Es war an einem Samstag gegen halb eins. Plötzlich trat ein Herr an sie heran, bat sie um Verzeihung und sagte ihr, dass das sein Stammtisch sei, sie sich davon aber nicht behelligen lassen solle, sie störe ihn nicht, er sei erfreut. Und er stellte sich vor. Auch Anna stammelte ihren Namen, sagte, sie wolle niemanden belästigen, und stand auf, um den Tisch zu wechseln. Aber er ließ es nicht zu, bat sie nachdrücklich, wieder Platz zu nehmen, sonst sei er gezwungen, selbst zu gehen. Das wollte sie nun auch wieder nicht. So setzten sie sich beide hin. Eine Stunde war kaum um, da hatte sie schon mehr als ein Dutzend Freunde, und als sie ging, bat der Meister sie darum, auf jeden Fall bald wiederzukommen, man wäre »überglücklich« usw., usf.

Anna kam sehr gern wieder. Am Tag darauf war sie um Punkt eins da. Es war Sonntag, alle waren sie versammelt und debattierten angeregt. Strahlend saß Anna da, sie war ganz Auge und Ohr. Es stand ihr ins Gesicht geschrieben: »Endlich habe ich die Menschen gefunden, nach denen ich mich gesehnt hatte.« Obwohl Anna, hübsch und charmant, dem einen oder andern einen bewundernden Blick zuwarf, wäre es keinem dieser jungen Leute eingefallen, ihr den Hof zu machen. Sie glaubten, dass der Prophet sie hierhergebracht hätte und dass sie zu ihm gehörte.

Es kam der Tag, da auch Anna ihren »Auftritt« hatte und als Mitdiskutantin akzeptiert war. Man sprach über Dostojewski, und Anna, die den Romancier kannte – inzwischen hatte sie alles von ihm gelesen und nicht nur einmal –, traute sich am Gespräch teilzunehmen. Man hörte ihr entzückt zu, sogar der Prophet spitzte die Ohren. Was sie sagte, war gar nicht so übel. Es ging ein bisschen durcheinander, aber sie stellte wirkliches Verständnis des »Idioten« unter Beweis und lieferte plausible Analysen einiger Passagen des Romans. Wären ein paar ihrer Äußerungen nicht recht ungeschliffen gewesen, und hätte sie nicht da und dort ein Fremdwort falsch gebraucht, dann, mein lieber Mann!, hätte man das Ganze drucken können.

Der Prophet sah Land, auf dem er säen konnte. Er geruhte, sich ihrer als Mann anzunehmen. Er wusste, dass man eher Beute macht, wenn man, wie die Spinne in ihrem Netz, stillhielt. Anna verliebte sich nicht in den Mann, sondern in die Macht, die er geistig über sie hatte, und wurde seine Geliebte, denn wie viele schöne Frauen hielt sie es schwer aus, dass man ihr nicht den Hof machte. Sie hörte im Büro auf und wurde Statistin an einem Theater. So hatte sie mehr Zeit, ins Café zu gehen.

Bald genoss sie diese Gespräche. Der erste Erfolg stieg ihr zu Kopf, sie wollte mehr. Haltlos, wie sie nun einmal war, und getrieben von einem unbändigen Drang, zu glänzen, überschritt sie schnell die engen Grenzen ihres Wissens. Ohne einen Schimmer von gewissen Themen zu haben, nahm sie dennoch an den Debatten darüber teil. Mit ihren hartnäckigen Fragen und Unterbrechungen brachte sie die Diskussionen ins Stocken und machte sie sich Feinde unter den jungen Leuten. Sie war fest entschlossen, die verlorene Zeit aufzuholen, angespornt sowohl von dem leidenschaftlichen Wunsch, hinter die Geheimnisse und Mysterien zu kommen, die auf ihrem Leben lasteten, als auch von ihrer Eitelkeit. Sie wollte »mithalten«. Die Gefahr, dass sie dabei nur eine Menge Halbwissen anhäufen könnte, sah sie nicht. Naiv und ohne die geringste Ahnung von den in diesen Wortgefechten üblichen Finten, war sie hundertprozentig davon überzeugt, dass nur die Wahrheit zähle, fiel sie auf jede Spiegelfechterei herein und trat allen auf die Füße. Damit machte sie sich rasch sehr unbeliebt. Der Scharfsinn und die Gerissenheit, die die anderen in so hohem Maße besaßen, fehlten ihr gänzlich: jene Schläue, die einen den Gegner, der am selben Tisch sitzt, schonen lässt. Nur dem Meister gegenüber war es angebracht, sich über die Inferiorität eines anderen zu äußern. Das war nicht die Stärke Annas, sonst wäre die Sache mit dem großen Dichter Färber nicht passiert.

Bekanntlich soll man im Haus des Gehängten nicht vom Strick sprechen. Desgleichen ist es höchst überflüssig, gegenüber einem Dichter, der zwar in seinen Gedichten groß ist, dessen Körper aber klein und untersetzt ist, wie Anna es tat, hartnäckig auf Schillers Wort »Es ist der Geist, der sich den Körper baut« herumzureiten. Sie war so taktlos! Die Gesichter am Stammtisch mögen das Entsetzen vor diesem Fauxpas noch so deutlich widergespiegelt haben, sie plapperte unverdrossen weiter – nicht böswillig, keine Spur, einfach so, aus Freude am Plappern. Sie, der das Gefühl körperlicher Unterlegenheit fremd war, die sich über dieses heikle Thema nie Gedanken gemacht hatte, war weit davon entfernt, auch nur zu ahnen, dass sie jemandes wunden Punkt getroffen hatte, und sie war bass erstaunt über die Folgen ihres unbeschwerten Geplappers.

Die Miene des großen Dichters wurde säuerlich, er zischte etwas wie »Blöde Urschel!« und stand, sichtlich getroffen, vom Tisch auf. Anna hatte immer noch nicht begriffen, dass sie gerade ein Sakrileg begangen hatte. Sie schaute von einem zum andern, mit dem verdutzten Blick eines Kindes, das, ganz ins Spiel vertieft, den Schaden, den es anrichtet, nicht sieht. [...] Der Meister war höchst unglücklich. Er machte Anna eine fürchterliche Szene, stieß ihr Bescheid, dass er keinesfalls gewillt war, die Freundschaft des Dichters wegen so einer taktlosen Urschel zu verlieren. Anna setzte sich wie eine Verrückte zur Wehr: Sie habe den Dichter nicht beleidigen wollen, sie sei nur kompromisslos für die Wahrheit, Punktum! Sie wurde wütend, weil er sie vor versammelter Mannschaft abkanzelte, und erklärte mit Bestemm: »Schiller hat aber recht, wie kommt dieser Rollmops dazu, *mich* dafür verantwortlich zu machen!«

[…] Was auch immer die Nachwirkungen dieses Eklats gewesen sein mögen, Anna sollte nichts davon mitbekommen, denn das Schicksal führte sie wieder einmal auf einen Nebenweg, und sie blieb ihrem Geliebten und dem Stammtisch eine Weile fern.

[»Barrières«, Kapitel 10, S. 64–71.]

Im Café Central (Herrengasse 14, Ecke Strauchgasse) hat, so Anton Kuh, der ab 1916 dort verkehrt, »der abtrünnige Journalismus sein Dach, der Empörungswille junger Theater- und Musikrezensenten«[28], und das unter dem prägenden Einfluss der wirkmächtigen Nietzsche-Begeisterung. Der Nietzsche der jungen Intellektuellen, ihre Identifikationsfigur ist der »Umwerter aller Werte«, der Umstürzler und Rebell, der militant den herrschenden kulturellen Normen opponiert, sich gesellschaftlichen Übereinkünften nicht fügt und kompromisslos gegen Überlebtes, Überkommenes, gegen geistige Verfettung angeht.

Ein Zirkel bildet sich um Ernst Polak (nach dem der »Prophet« gezeichnet ist), einen aus Prag stammenden Bankbeamten – ab März 1918 Devisenhändler an der Wiener Niederlassung der Österreichischen Länderbank[29] –, der zwar literarisch ungemein beschlagen ist und geschliffen formuliert, aber erst in späteren Jahren publiziert. »Geburtshelfer Werfels, Kornfelds, Franz Kafkas«, zerteilte er »mit messerscharfer Nase und Rede den Dunst; man orientierte sich jener und dieser entlang über die Zweckrichtung des Beisammenseins«.[30] Mit am Tisch unter anderem Franz Werfel (in August Färber abkonterfeit), wie Egon Erwin Kisch und Otto Pick im Wiener Kriegspressequartier tätig, Milena Polak (geborene Jensenská), Anton Kuh, Franz Blei (ewig junger »Weltmann des Geistes«[31]), Arne Laurin, der nachmalige Chefredakteur der »Prager Presse«, der von Otto Weininger imprägnierte Philosoph Gustav Grüner sowie sein Bruder, der

Lyriker Franz Grüner, der Journalist Egon Dietrichstein, der Talkum-Industrielle, Bohemien und Dichter sowie Interpret anzüglicher Chansons Franz Elbogen.

Weiters verkehren im »Central« Alfred Polgar (der »Marquis des Feuilletons«[32]), der »spaßhafte Kulturhistoriker« Egon Friedell (»Ein Klassenprimus, der den schlimmen Buben spielt. Mit dem respektlosen Ulk der Schülerzeitschrift frönt er den Lehrerinstinkten«[33]), Otto Soyka (»Tat-Romancier, Pokerspieler aus vitalstem Herausforderungstrieb ans Schicksal, blaß wie die schlechterfundenen Namen seiner Helden«[34]), Otfried Krzyzanowski (»der verbettelte Dichter [...], schlottrig, knochig, häßlich, aber gebildet und edel«[35]), der Versicherungsmathematiker und Romancier Leo Perutz, Eugen Lazar, der Chefredakteur der »Wiener Allgemeinen Zeitung«, und Adolf Josef Storfer, Journalist und Psychoanalytiker, Gründer und nachmals geschäftsführender Direktor des Internationalen Psychoanalytischen Verlags. Mittendrin, wenn auch nicht dazugehörend, Oberkellner Johann Czerny, genannt Jean.

Anton Kuh über die Atmosphäre des in einem ehemaligen Börsegebäude beheimateten und mit einem Arkaden- und Säulenhof ausgestatteten Lokals: »Das Allerheiligste lag rückwärts und nannte sich Kuppelsaal. Nicht deshalb allein ... sondern weil Rauch und Lärm dieses Vierecks ins Grenzenlose stiegen, zu einer Höhe, wo eine Kuppel kaum mehr sichtbar war. Aber diese Kapellenhoheit, diese Unüberdachtheit des Qualms bildeten die Eigenart des Raumes. / In den anderen Trakten saß der Sozialismus, der Panslawismus, der k. k. Hochverrat; Dr. Kramář und Masaryk, slowenische Studenten, polnische und ruthenische Parlamentarier, gelehrte Arbeiterführer – der fanatische Leitartikel. Der Kaffee roch wunderbar, und auf dem großen Rundtisch schichteten sich die Zeitungen in allen Landessprachen. / Dort hinten aber residierte das Feuilleton. / Es schleppte sich um die Jahrhun-

dertwende als Rattenschweif Peter Altenbergs ein, des ersten und eigentlichsten Kaffeehausdichters, der nebenan im
alten Absteighotel ›London‹ wohnte, inmitten improvisierter
Liebespaare, aber als seine Adresse in den Kürschner eintrug: ›Wien, 1. Bezirk, Café Central‹!«[36]

Zwei Tage nach dem misslichen Vorfall wehte ein sehr kalter
Oktoberwind. Anna war auf dem Heimweg über den Kärntner Ring, als ein Mann sie ansprach: »Fräulein, könnten Sie
vielleicht ein bisschen langsamer gehen, ich bin schon ganz
außer Atem.«

Sie blieb erstaunt stehen, denn sie hatte keine Schritte
hinter sich gehört hatte, und lächelte: »Mein Gott, haben Sie
mich erschreckt!« Kurt Schneider war ein nachlässig, aber
gut gekleideter Mann in seinen Fünfzigern, ganz auf Mann
von Welt, und er wirkte überaus gemütlich[37]. Sein Gesicht
verriet schon von weitem seine Nationalität: Nichts Tschechischeres als er. Aber wer will schon als das gelten, was er
ist? Um diese unbestreitbare Herkunft zu kaschieren, trug
er nur großkarierte Mäntel und amerikanische Schuhe mit
dicken Gummisohlen, deswegen waren seine Schritte nicht
zu hören gewesen. Manchmal trifft man ins Schwarze, ohne
darauf gezielt zu haben, einfach so. Die amerikanischen
Schuhe vor Augen fragte Anna: »Sind Sie Amerikaner?«

Um die Wirkung zu verstehen, die diese Frage hatte,
muss man wissen, dass das schmeichelhafteste aller Komplimente, die das Leben für diesen Mann bereithielt, jenes war,
für einen Amerikaner gehalten zu werden. Zunächst stumm
vor Glück, strahlte ihr sein gutmütiges tschechisches Gesicht
entgegen. Dann sagte er: »Nicht ganz, aber ich habe lang
drüben gelebt. Mein liebes Kind, Sie frieren, dieses Jäckchen ist zu dünn für die Jahreszeit. Kommen Sie, wir kaufen
etwas Wärmeres.« Er fasste sie, die ganz verwundert war,
unter und zog sie mit sich. Sie bogen in die Kärntner Straße

ein, und als sie an der öffentlichen Würfeluhr vorbeikamen, sah Anna, dass es Dreiviertel sieben war. Sie betraten das beste Pelzgeschäft Wiens, und Annas Herz begann heftig zu klopfen. An diesem Schaufenster war sie schon oft vorbeigegangen und hatte neidvolle Blicke darauf geworfen. Was dann in dem Geschäft passierte, war für sie mehr Traum als Wirklichkeit. Schon die Begrüßung ließ sie staunen. Der Besitzer höchstpersönlich eilte untertänig höflich auf Schneider zu, erkundigte sich nach dessen Gesundheit, war sichtlich erfreut, als er erfuhr, dass dessen Schwester mit ihrem Mantel zufrieden war, wollte nichts lieber, als neuerlich zu Diensten sein. Schneider fragte nach einem Pelzmantel oder einer Pelzjacke für die junge Dame, wenn man überhaupt noch offen habe. Man war gerade dabei, das Geschäft zu schließen, und im ersten Stock, dem Verkaufsraum, war bereits das Licht aus. »Aber selbstverständlich!« Er eilte ins Hinterzimmer, wo sich die Angestellten bereits zum Heimgehen anzogen. Sie führten dann mehrere Pelze vor, Anna probierte sie an, aber keiner gefiel ihr. Schließlich brachte man einen wunderschönen Nerzmantel. Als Anna auf Schneiders Aufforderung hin dieses Prachtstück anlegte, war sie am Rande einer Ohnmacht. Als er sie fragte, ob er ihr gefalle, brachte sie kein Wort heraus. Es dauerte, bis sie, aus Angst, der Traum werde sich in Nichts auflösen, wenn sie laut spräche, flüsterte: »Gott, ja! Wie schön er ist!«

»Dann nehmen wir ihn.« Er bat sie, ihn anzubehalten. Anna wurde blass vor Rührung, als sie, wie von weither kommend, den vom Verkäufer genannten Preis hörte. Schneider füllte einen Scheck über dreiundzwanzigtausend Kronen aus und verließ das Geschäft mit Anna, die von den tiefen Bücklingen und Knicksen der Angestellten ganz verdattert war.

»Jetzt gehen wir etwas essen, ich bin schrecklich hungrig. Warten Sie, wo sollen wir hingehen?«

Im Hopfnerkeller bestellte er ein Abendessen. Sie nahmen Mineralwasser, denn er trank keinen Alkohol. Anna bekam nicht mit, was sie zu sich nahm, sagte oder hörte. Ohne Unterlass betrachtete sie den Nerz, der auf einem Stuhl ganz nah bei ihr lag, und fragte sich unablässig, ob sie träume. Zum Ausklang des Abends gingen sie ins Café Radetzky[38]. Anna erzählte von sich: Sie arbeite als Statistin, habe keine Eltern mehr. Im »Central« frequentiere sie einen Stammtisch junger verkopfter Intellektueller, lauter große Geister und, wie sei meine, vielversprechend. Schneider war ganz anderer Meinung. Offengesagt versprach er sich nicht nur nichts von diesen verkopften jungen Intellektuellen, sondern er hielt sie durch die Bank für Tagediebe, »Weltverbesserer«, die überall Ordnung schaffen wollten, nur nicht bei sich selbst. Kurz, er hatte sofort kapiert, denn, so Schneider wortspielerisch, wer aus Böhmen kommt oder Böhmen zumindest kennt, der kennt das Milieu dieser »Boheme« [...]. Er hatte sofort durchschaut, worum es sich bei Annas Stammtisch handelte, hatte aber Lebenserfahrung genug, um zu wissen, dass man, wenn man jemanden bittet, etwas aufzugeben, Ersatz anbieten muss. Als Anna auf seine Frage »Haben Sie irgendeine Begabung?« antwortete, sie habe eine gute Stimme, entschied er, sie darin ausbilden zu lassen.

Das war nämlich seine zweite Schwäche: Er ließ ständig jemanden ausbilden. In zahlreichen Konservatorien und Akademien hatte er einen mehr oder weniger begabten Schützling, der auf eigene Kosten studierte. Eine renommierte Sängerin der Wiener Oper verdankte ihm ihre Karriere. Mit ihr hatte sein Mäzenatentum begonnen, und dieser Erfolg hatte ihn ermutigt. Er war sehr reich und stellte keine großen Ansprüche ans Leben. Seine Geschäfte liefen wie von selbst. Alles, was er tat, war, in mehreren Verwaltungsräten zu sitzen.

Anna war glücklich. Aber im Leben bekommt man nichts umsonst: Sie musste etwas geben, nicht viel, für jemand anderen wäre es eine Kleinigkeit gewesen, aber für sie war es einiges. Sie musste versprechen, nicht mehr am Stammtisch zu verkehren, das war die einzige Bedingung, die er stellte. Um das ein für alle Mal klarzustellen, sagte er: »Sollte ich erfahren, dass Sie auch nur einmal wieder dort waren, ist alles hinfällig zwischen uns.« Er wusste, dass er richtig lag und dass dies die einzige Möglichkeit war, Anna wieder auf den Weg zu Arbeit und Erfolg zu bringen. Er ließ sich lang und entschieden über »eiserne Disziplin« aus. Nur diejenigen hätten Zukunft, die sich nicht von ihrem Weg abbringen lassen. Man müsse fest im »Willen« verankert sein ... Kurz gesagt, er nahm sie gründlich ins Gebet. Sie gab schließlich ihr Ehrenwort. Es war aufwühlend. Als Anna zusagte, gab es ihr einen heftigen Stich. Sie hatte das Gefühl, einen Verrat zu begehen. Aber der prächtige Nerz auf dem Stuhl neben ihr gab ihren Gedanken eine andere Richtung.

Am nächsten Morgen brachte er sie in einem vornehmen Traditionshotel unter, begleitete sie zum besten Schneider, stattete sie mit dem Nötigsten aus und nahm sie mit in die Filiale seiner Bank im Hotel Bristol, wo er ein bescheidenes Konto für sie eröffnete. Er stellte sie seinem Freund Pepi vor, der die Filiale leitete. Wenn sie Rat brauche, solle sie sich nur an ihn wenden. Von vier bis fünf Uhr hatten sie einen Termin bei der Sängerin und Gesangslehrerin Rosa Papier-Baumgarten. Anna sang vor. Ihre Stimme war beachtlich, und die Gesangslehrerin meinte, sie werde eine große Sängerin aus ihr machen. Schneider klärte das Finanzielle, der Stundenplan wurde erstellt, und sie verabschiedeten sich. Am Abend reiste Schneider ab, er werde in zwei Wochen zurück sein. Er hoffe, dass sie sich ernsthaft ans Studieren machen werde. Schließlich gab er ihr die Hand und verschwand.

Nichts macht Menschen misstrauischer als ein Akt der Selbstlosigkeit. Wir sind es gewohnt, für alles, was wir bekommen, zu bezahlen. Das Leben ist nun einmal so, man bekommt nichts geschenkt. Und dann bekommt man unversehens etwas – und keine Rechnung. Man ist beunruhigt. Sagt sich: »Die wird mir sicher noch präsentiert werden.« Und wenn das Geschenk auch noch wertvoll ist, wird man doppelt misstrauisch, fragt nach dem Warum, nach Hintergedanken und ist verunsichert. Anna verlor ein wenig den Halt in diesem Abenteuer. Ihr Wohltäter würde wohl bei seiner Rückkehr das Bett mit ihr teilen wollen? Dieser Gedanke ernüchterte sie. Die ganze Sache würde den üblichen Verlauf nehmen, damit wäre alles klar und verständlich.

Am nächsten Tag wachte sie auf und wurde sich des Glücks bewusst, das ihr gerade zugefallen war: ein unglaubliches Glück! Sie sah das schöne, geschmackvoll eingerichtete Hotelzimmer, das Badezimmer, das sie ganz für sich allein hatte, die Schachteln, die überall herumstanden, einige davon noch nicht ausgepackt. Auf den Tischen und Stühlen neue Wäsche, Strümpfe, Morgenmäntel, auf der Kommode ein sehr elegantes Reisenecessaire, Flakons, Kämme, Bürsten aus getriebenem Silber, nein, sie konnte es nicht fassen. Und das von einem Tag auf den anderen! Sie strich behutsam über jeden dieser Gegenstände, stellte dies und das um, holte den weichen Pelz aus dem Schrank, kuschelte sich mit Wonne hinein, drehte und wendete sich lang vor dem Spiegel – und verfiel in heftiges Schluchzen. Frauen, denen eine Gefühlsregung fremd ist, befreien sich davon mit einer Flut von Tränen. Danach war ihr leichter, der heftig lastende Druck wich der ganz unbefangenen Freude, sich mit all diesen schönen Dingen ausstaffiert zu wissen.

Sie stellte einen genauen Stundenplan für die ganze Woche auf, den sie mit der Pünktlichkeit eines alten Kanzleibeamten einhielt. Sieben Uhr: Aufstehen, Atemübungen,

Bad, Frühstück (dazwischen wurde aus Rücksicht auf die Nachbarn halblaut geträllert). Neun bis zehn: Üben. Um halb elf: Zwei Äpfel essen für eine gute Stimme. Danach: Spaziergang bis halb eins. Mittagessen. Eine Stunde ruhen. Von zwei bis vier: Lektüre. Im Hotel hatte absolute Ruhe zu herrschen. Außer von vier bis halb sechs, da konnte man sie bei ihren Stimmübungen hören. Dann nahm sie einen Imbiss bei Demel oder in einem anderen Teesalon, machte Einkäufe, war um sieben Uhr im Hotel zurück und saß um Schlag acht Uhr im Speisesaal, wo ein kleiner Tisch für sie reserviert war. Viermal in der Woche ging sie studienhalber und auch weil sie den Gesang liebte, in die Oper. Die anderen Abende verbrachte sie zu Hause. Sie kaufte sich die schönsten Bücher, ging um neun Uhr ins Bett und war überglücklich.

[»Barrières«, Kapitel 11, S. 72–76.]

In der Ausgabe vom 26.10.1918 meldet das »Neue Wiener Tagblatt« unter der Spitzmarke »Hoteldiebstahl«: »Der Opernelevin Maria *Amon* wurde in einem Hotel der Inneren Stadt ein Koffer erbrochen und seines Inhaltes beraubt. Da sich im Koffer auch Schmuck befand, erleidet Fräulein Amon einen Schaden von 80,000 K[ronen].«[39]

Die unbeschwerte Zeit der Jugend hat an sich, dass man keinen Gedanken daran verschwendet, dass sie einmal vorbei sein könnte. Diese Sorge vergällt einem dann das Alter, wenn man schon am Beginn von etwas Angenehmem an dessen Ende denkt. Die vierzehn Tage vergingen schnell. Anna gab sich beflissen ihren Studien hin, aß ausgiebig, weil das Essen sehr gut war, was auf Kosten ihrer fast kantigen Schlankheit ging. Nicht einen Augenblick lang hatte sie daran gedacht, ihr Wort zu brechen. Wenn sie an den Freundeskreis im »Central« dachte – und das geschah öfter, als ihr lieb war –, versuchte sie diesen Gedanken mit einem heftigen Ruck zu verscheuchen, was ihr einiges abverlangte. Die Ausdrücke »Verrat« und »Freunde fallenlassen« schwirrten in ihrem Kopf herum, aber allmählich kam sie zu der Überzeugung, dass Schneider Recht hatte, dass all dies nur zu ihrem Untergang führen konnte. Da ihr Wohltäter sich nicht meldete, suchte sie schließlich den Mann in der Bank auf und erfuhr, dass Schneider erst in einer Woche kommen werde. Da kam eines Tages, mitten in ihren Übungen, ein Hotelboy zu ihr herauf und bat sie in die Halle hinunter, wo Herr Schneider auf sie warte.

»Ja, ich bin gleich da.« Und während sie ihr Haar vor dem Spiegel richtete: »Komisch, warum unten, warum kommt er nicht herauf?«

Als sie ihn in der Halle sah, eilte sie strahlend auf ihn zu. Sie wäre ihm am liebsten um den Hals gefallen, traute sich aber nicht. Sie saßen über eine Stunde beieinander. Anna, begeistert von ihrem Stundenplan, erzählte Schneider, wie sehr sie das Lernen genoss und wie leicht ihr die Selbstdisziplin fiel. Er hörte aufmerksam zu, unterbrach sie von Zeit zu Zeit mit einer Frage: »Ja und …?« Unvermittelt erstarrte Anna, ihre Augen in einer plötzlichen Bangigkeit weit aufgerissen. Die kindliche Fröhlichkeit wich einer heftigen Angst. Er sah sie erstaunt an, rätselte über diesen Stimmungsumschwung.

»Was ist los, Anna? Was haben Sie denn?« Doch schon liefen Tränen über Annas Wangen, ihre Lippen bebten. Seine Verstörung bemerkend, sagte sie ihm unter Tränen: »Nichts, ich bin so glücklich.« Sie brachte es nicht über sich, zuzugeben, dass sie daran gedacht hatte, was er nun von ihr verlangen werde, und dass sie das in den Tagen, da ihr Leben ihr so rein erschienen war, ganz vergessen hatte.

Hingerissen von so viel Munterkeit, bat Schneider sie, sich umzuziehen. Er wolle sie in ein gutes Lokal zum Essen einladen. Während des Abendessens kündigte er ihr an, dass er zeitig in der Früh am nächsten Tag abreisen müsse. Er habe seine Reise nur unterbrochen, um zu sehen, ob sie auch brav sei. Er war sehr zufrieden mit ihr, wollte spätestens in einer Woche wieder in Wien sein, und dann würden sie beide einen ganzen Tag miteinander verbringen. Um elf Uhr brachte er sie ins Hotel zurück, küsste ihr beide Hände und sagte: »Halten Sie durch, Anna, bleiben Sie tapfer!« Dann verschwand er.

Fünfzehn Monate ging das so. Er kam fast immer an anderen als den von ihm angekündigten Tagen, mal schon nach drei Tagen, mal erst nach fünf Wochen, sodass Anna sich fragte, ob er überhaupt zurückkommen würde. Er blieb nie länger als einen Tag, kaufte ihr jedes Mal genau das, was sie sich wünschte, und wohnte von Zeit zu Zeit einer Stunde bei ihrer Gesangslehrerin bei. Er war mit seinem Schützling vollauf zufrieden. Nie fühlte Anna einen Hauch von Vertraulichkeit, nie in dieser ganzen Zeit fiel auch nur ein zweideutiges oder anlassiges Wort.

Dann kam der Tag, da Anna, dirigiert von ihrem bösen Fatum, sich ins Unglück stürzte. Ein paar Stunden nur, und sie verlor alles: Sicherheit, Ruhm, und fand sich genau an dem Punkt wieder, den sie fünfzehn Monate zuvor verlassen, fluchtartig verlassen hatte.

[»Barrières«, Kapitel 11, S. 76–77.]

An einem regnerischen Tag kam Anna um vier, fünf Uhr mit einer Partitur des »Figaro« unter dem Arm aus einem Musikgeschäft auf dem Kohlmarkt – und fand sich Auge in Auge mit dem Meister. Er verharrte kurz: War es wirklich sie? Aber Anna lächelte ihn bereits verlegen an. Er war blass, die Falten um seinen Mund schienen tiefer, er wirkte äußerst ernst und traurig. Durchdrungen von ihrer Schuld, ihn mir nichts, dir nichts verlassen zu haben, fasste sie ihn unter und schlug vor, irgendwohin auf einen Kaffee zu gehen. In einem kleinen Bierlokal in der Spiegelgasse[40] erzählte sie ihm, was geschehen war, und bat ihn, zu verstehen, dass sie nicht anders gekonnte hatte. Er hörte verkniffen zu, sagte kein Wort. Anna wurde immer nervöser. Unvermittelt öffnete er eine kleine Dose, klopfte ein weißes Pulver auf seinen Handrücken und sog es durch die Nasenlöcher ein.

»Was hast du da? Zeig's mir!« – Er ohne Umschweife: »Das ist Kokain.« – »Und warum nimmst du das? Gegen die Kopfschmerzen?« – »Nein, es ist *das* Mittel, das Denken zu befreien und die Erdenschwere abzuschütteln.« – »Laß mich probieren! Einmal nur, komm.« Schon hatte Anna sich das Döschen geschnappt, gab eine Prise auf ihren Handrücken und schniefte sie, wie sie es bei ihm gesehen hatte. »Komisch …« Und dann: »Es macht die Nase ganz kalt.«

Er saß ihr gegenüber und beobachtete sie, den Hals gereckt, mit lauernden Augen. Anna fühlte sich wie hypnotisiert. Sie fing an zu reden, und alles, was sie sagte, klang, als komme es von weither. »Nein, ich lebe nicht im Wahren. Was ich jetzt tue, ist nicht das, was ich will, ich strebe nach ganz was andrem. Mein Leben ist leer und völlig sinnlos … Ich habe schon einmal genau gewusst, was ich wollte, und jetzt fällt's mir wieder ein … Ich habe euch nie wirklich vergessen. Die ganze Zeit hatte ich schreckliche Sehnsucht nach euch, aber … aus irgendeinem Grund wollte ich mir das nicht eingestehen. Ich weiß nicht, was mit mir passiert ist, aber ich spüre ganz klar, ich kann so nicht weitermachen … Ich will nicht Sängerin werden … Ich will wieder mit euch leben.«

Wie in Trance griff sie nach der Dose und nahm noch einmal von dem weißen Pulver. Wie von einer unsichtbaren Hand getragen, schwebte sie, sie fühlte sich so frei, so leicht, überwältigt von einem solchen Glücksrausch, dass es ihr fast die Brust zerriss.

Über diese Verwandlung, die sie Phase für Phase ängstlich registrierte, erschrak sie so heftig, dass ihre Hände zu zittern begannen. Plötzlich war Annas Gesicht vor Angst und Beklemmung entstellt, je größer ihre Pupillen wurden, desto dunkler wurden ihre Augen. Die Hände zwischen die Knie geklemmt, starrte sie in das Licht des Kronleuchters. Aus ihrem verklärten Gesicht strahlte ein entrückter, seherischer Blick.

»Ich weiß nicht«, begann er, »ob es richtig ist, das zu tun, was ich tue, nur, versteh mich: Ich kann dich nicht ein zweites Mal verlieren. Ich habe mich von meiner Frau getrennt, ich bitte dich, komm mit zu mir, hier können wir nicht reden.«

Anna stand auf, ihre Gliedmaßen waren klamm. Sie konnte kaum gehen. […] Als sie bei ihm ankamen, war Anna völlig aufgewühlt. Was sie verdrängt hatte, wollte nun an die Oberfläche, raus dem Chaos innen drin. Es tauchten Fragen auf, deren Beantwortung sie von den Fesseln des Schicksals befreien konnten, von dem Gefühl der Sündhaftigkeit, das auf ihr lastete und von dem sie nicht wusste, woher es kam. Sie war es nicht gewohnt, Fragen konsequent durchzudenken, und gehemmt von aufkeimender Schamhaftigkeit vergaß sie bald, worauf sie mit ihren angestrengten Überlegungen hinauswollte, verlor sich in ethisch-religiöse Allgemeinplätze, hob in ungewohnte geistige Höhen ab und versackte schließlich in einer hoffnungslosen Verwirrtheit.

Er, der Phase für Phase ihres Absturzes genau registrierte, machte sich daran, ihre Lust zu wecken. Anna war außerstande, darauf einzugehen. Ihre ohnehin kalten Sinne waren unter dem Einfluss des Kokains eingefroren. Als er sie flehend so weit gebracht hatte, dass sie sich ihm hingab, lag sie starr in seinen Armen, verzweifelt in der Gewissheit, dass Über-sich-ergehen-Lassen schuldhaft war. Vergeblich versuchte er, sie dazu bewegen, die restliche Nacht bei ihm zu bleiben, sie widersetzte sich entschieden, sodass er sie um zwei Uhr Früh in ihr Hotel zurückbringen musste. Anna zog sich aus, legte sich ins Bett und versuchte die Augen zu schließen.

Und dann kam der Entzug. Die Wirkung des Kokains ließ nach, und im gleichen Maß begann der Stoff Besitz von ihrem Körper zu ergreifen. Sie wehrte sich mit aller Kraft gegen die Bilder ihres Alltags, gegen die Forderung, ihren Weg dort fortsetzen zu müssen, wo sie ihn abgebrochen hatte, weil sie glaubte, sich das schuldig zu sein. In ihrer Verzweiflung musterte sie das Zimmer, in dem sich die Gegenstände im Morgengrauen deutlich abzeichneten. »Warum bin ich gegangen? Warum bin ich nicht geblieben?« Sie sprang aus dem Bett, sie wollte auf der Stelle zum Meister zurück. Da schoss ihr ein, dass sie nicht hinein konnte, das Haustor war ja versperrt. Das brachte sie beinah um den Verstand. Sie lief im Zimmer umher, die Hände an die Schläfen gepresst, ohne Unterlass flüsternd: »Was soll ich tun, was soll ich bloß tun? Wann wird das Haustor aufgesperrt? Erst um sieben Uhr, und jetzt ist es erst fünf. Mein Gott, ich halte das nicht aus. Nicht nachdenken!« Ihr Herz pochte wie verrückt. Zitternd legte sie sich wieder hin. »In Gottes Namen, nur einschlafen!« Aber das wollte ihr um nichts in der Welt gelingen.

Um sieben Uhr stieg sie die Stufen zur Wohnung des Meisters hinauf. Er öffnete, sie warf sich schluchzend in seine Arme. Er gab ihr zwei Bromural und sagte ihr, dass sie nun tief schlafen würde, bis er vom Büro zurück sei. Um fünf Uhr nachmittags ließ Anna ihre Sachen in ein kleines Hotel in der Teinfaltstraße[41] bringen. Am nächsten Tag ging sie zur Bank und löste ihr Guthaben auf. Schneiders Freund konnte sie nicht davon abhalten. Es war genug Geld, um acht oder zehn Monate lang bescheiden zu leben. Am Abend saß sie wieder am Stammtisch, so bei der Sache, als ob sie nie weg gewesen wäre, als seien die fünfzehn Monate, die hinter ihr lagen, wie weggewischt.

Die Aussprache mit Schneider fand einige Tage später statt. Er tauchte plötzlich eines Nachmittags am Stammtisch auf. Sie erhob sich wie ein folgsames Kind. Er bat sie, woanders hin zu gehen, sie wagte es nicht zu widersprechen. Schneider hatte von der überstürzten Flucht seines Schützlings von seinem Freund in der Bank erfahren, er hielt die ganze Sache für reinen Wahnsinn. Wie konnte jemand aus freien Stücken in sein Unglück laufen und eine Chance, die das Leben nur einmal bietet, achtlos wie eine alte Zeitung wegwerfen?

Das erste, was Anna tat, als sie in einem anderen Café ankamen, war, die Toilette aufzusuchen, um Kokain zu schnupfen. Dann setzte sie sich Schneider gegenüber, keine Spur verlegen, was ihn völlig irritierte.

»Haben Sie den Verstand verloren, Anna? Wissen Sie überhaupt, was Sie da tun? Es ist ein Verbrechen, ja, ein Verbrechen an Ihnen selbst. Sie haben keine Ahnung vom Leben, Anna! Das gibt's ja nicht! Um Himmels willen, wer hat Sie so verwandelt?«

»Mein lieber Kurt«, antwortete Anna tonlos, »ich mache mir keine Hoffnung, dass Sie mich verstehen. Ich bitte Sie aufrichtig um Verzeihung, aber ich kann nicht mehr zurück und will es auch nicht. Ich weiß, was ich verliere, aber Sie wissen nicht, was ich gewonnen habe.«

»Gewonnen, gewonnen, das nennen Sie einen Gewinn? Ich habe ja gesehen, was Sie gewonnen haben. Es ist ein Gewinn, der Sie teuer zu stehen kommen wird, glauben Sie mir. Aber es gibt ein ›Zu spät‹, mein liebes Kind! Sie werden eines Tages an mich denken und es bitter bereuen!«

Anna sprach mit ihm wie mit einem Fremden, so kühl, dass er sich fragte, ob dieses erstarrte Wesen, das ihn anblickte, wirklich dasselbe war, das er als kindlich frohes Mädchen gekannt hatte. Er hätte sie am liebsten geohrfeigt! Ja, wie ein ungehorsames Gör, bei dem mit Worten nichts auszurichten ist, das nur zur Vernunft gebracht werden kann, indem man es ordentlich übers Knie legt. Dieser Impuls erschreckte ihn, er hasste Gewalt von ganzem Herzen. Anna blickte ihn an, als wohne sie einer Theateraufführung bei. Dieser kalte, fast zynische Blick brachte ihn aus der Fassung. Er hatte keine Ahnung, dass Anna Kokain nahm, und hätte das sein Leben nicht vermutet.

Sie schwieg. Er versuchte es noch einmal: »Wollen Sie wirklich alles aufgeben, Anna«, sagte er sanft, »überlegen Sie doch, Sie sind so gut vorangekommen. Sie haben nichts verloren, Sie hatten alles, was Sie wollten, kommen Sie doch zur Besinnung.« Und er beschwor sie, als ginge es um das Heil seines eigenen Kindes.

»Nein, ich bitte Sie, lassen Sie's gut sein, ich kann nicht mehr zurück, ich kann kein so sinnentleertes Leben führen. Ich weiß, dass Sie es gut meinen, aber ich möchte bei den Leuten bleiben, zu denen ich gehöre. Sie können das nicht verstehen, Sie sind anders gestrickt.«

»Zum Glück bin ich anders gestrickt, Gott sei's gedankt!«, rief er. »Dreck bleibt für mich immer Dreck, aber bei Gott, was soll's, was red' ich mir den Mund fusselig!«

Er stand auf und bezahlte die Rechnung. Dann kam er an den Tisch zurück und zischte sie tonlos an: »Sie werden in diesem Dreck verrecken, dann werden Sie an mich denken, aber dann wird es zu spät sein.«

Dann stürzte er hinaus.

Ungerührt kehrte Anna zum Meister zurück, dem gegenüber sie kein Wort über diese endgültige Aussprache fallenließ. Am folgenden Nachmittag ließ sie Schneider den Nerzmantel von einem Dienstmann zurückbringen. Als sie das ihrem Freund erzählte, meinte der, es sei dumm und unlogisch, denn dann hätte sie ihm auch das Geld zurückgeben müssen. »Nein«, sagte Anna, »ich brauche das Geld zum Leben, ich wüsste nicht, wovon ich sonst leben sollte. Aber ich brauche keinen Pelzmantel, er soll bloß nicht glauben, dass er mir so viel bedeutet.«

[»Barrières«, Kapitel 12, S. 78–80.]

Am Stammtisch war nun vieles anders. Anna sah neue Gesichter, der Kreis war größer geworden. Das schüchterte sie anfangs etwas ein. Es gab da nun einen Mann, dem jeder, auch der Prophet, respektvoll und unterwürfig begegnete, der sie alle als Psychoanalytiker theoretisch wie praktisch zutiefst beeinflusste. Er war der Sohn eines berühmten Professors für Strafrecht. Etwa fünfzig Jahre alt, groß, dünn, krummer Rücken, glich sein Kopf dem eines Adlers mit heroisch gesträubtem Gefieder, der sich in schwindelnden Höhen geschlagen hatte und sich nun, abgekämpft und todmatt, auf die Erde herabgelassen hatte, um die im Kampf eroberte Beute unter seine Jungen zu verteilen. Seit mehreren Jahren auf Kokain, war dieser völlig vergeistigte Mann komplett hilflos, wenn es um die materiellen Dinge des täglichen Lebens ging. Seiner äußeren Erscheinung schenkte er nicht die geringste Aufmerksamkeit. Weder gewaschen noch gekämmt, saß er am Tisch, ein aristokratischer Landstreicher, dessen klare blaugraue Augen Unschuld und Heiterkeit ausstrahlten und dessen Stimme ein etwas abgespanntes Timbre hatte. Oft schlief er am Tisch ein, entkräftet entweder durch Mangel an Nahrung oder durch die schlaflosen Nächte, die er in Gesprächen verbrachte. Er hatte keinen Knopf Geld. Für das Wenige, was er zum Leben brauchte, sorgte seine Freundin, ein siebzehnjähriges Mädchen, klein, schwarzhaarig, blaue kurzsichtige Augen, die sie fast immer geschlossen hielt, weil sie so müde war, und die wirkte, als stehe sie unter Hypnose.

Auf dieses Mädchen, das immer untätig dasaß, schien Kokain eine einschläfernde Wirkung zu haben, obwohl sie selten Gelegenheit hatte, eine Nacht durchzuschlafen. Diesem blassen und zarten Wesen kam es zu, den aus der Welt gefallenen Mann am Leben zu erhalten. Wie durch ein Wunder gelang ihr das, freilich gerade so weit, das sie beide nicht vor Entkräftung kollabierten. Wie stellte sie das an? Anna zerbrach sich darüber den Kopf. Und musste schon bald bewundern, wie diese Kleine, die so passiv wirkte, das Leben meisterte.

Anna glaubte, dass man auf seine Mitmenschen wirke, dass man sie in Abhängigkeit bringe, indem man äußere Gaben oder Begabungen wie Schönheit, Esprit, Geld oder Macht einsetzt. Sie wunderte sich daher sehr, wie einem Mädchen ohne einen einzigen dieser Vorzüge doch regelmäßige Dienste geleistet wurden, ohne dass es je eine Gegenleistung erbracht hätte. Zumindest nahm Anna das so wahr. Ein Rätsel! Die Kleine hatte mehrere »Kavaliere«, die ihr gutwillig jeden Einkauf und jeden lästigen Weg abnahmen, die dafür sorgten, dass sie Geld hatte, sie, die oft selbst nicht genug hatten, um ihre eigenen Rechnungen zu bezahlen. Schweigsam und gebannt von der Schwermut des Mädchens saßen sie da und warteten auf ein Zeichen, bereit, unverzüglich aufzuspringen, irgendwohin zu eilen, etwas zu verpfänden oder ein Pfand auszulösen, zu weiß Gott welchen weit entfernten Apotheken zu eilen, in denen immer noch gefälschte Kokainrezepte arglos angenommen wurden.

Kurz, kein Weg war zu lang oder zu beschwerlich, als dass ihn nicht einer von ihnen machte, selbst Paul M... mit seinen siebzehn Jahren, seinen so empfindlichen feingliedrigen Händen, seiner so bemerkenswerten Intelligenz – die er nur im Gespräch mit dem Meister zeigte, dessen Lieblingsschützling er war –, selbst dieser junge Mann stand im Handumdrehen in ihrem Bann. Von all den Wesen, die Anna nicht verstehen konnte, war dieses junge Mädchen das geheimnisvollste. Ihr gegenüber empfand Anna ihr Minderwertigkeitsgefühl noch schmerzlicher als bei allen anderen. Anna begann sie um die Wirkung zu beneiden, die sie entfaltete. Sie hätte liebend gern ihre Schönheit für diese Macht über andere gegeben, die sie so faszinierte. Anna, die durch Charakterschwäche und Unzufriedenheit mit sich selbst ständig danach strebte, einem Vorbild zu gleichen, das möglichst wenig Ähnlichkeit mit ihr selbst hatte, traf auf eine Persönlichkeit, die das genaue Gegenteil ihrer eigenen war: frei von dem Powren, das wie Pech an ihr klebte. Anna hatte die Körperpflege vernachlässigt, die ihr bourgeois erschien und gegenüber den »inneren Werten«, von denen ständig die Rede war, für zu wichtig genommen. Trotzdem erschien sie weiterhin gepflegt, das lag nun einmal in ihrem Wesen.

Was sie am meisten erstaunte und in ihrer Verwunderung erbitterte, war, dass sie es kein einziges Mal erlebt hatte, dass dieses Mädchen auch nur die geringste Anstrengung unternommen hätte, sich geistig auf eine höhere Stufe zu schwingen, wie sie, Anna, es tat, die sich dabei komplett verkrampfte. Nein, dieses Mädchen zeigte kein Interesse an den Debatten, und erst recht nicht daran, eine Meinung durchzusetzen. Vollständiges Sich-gehen-Lassen: still, dösig, mit ihren unsicheren, kurzsichtigen Augen, die, wenn sie einmal aufblickte, erschlafft schienen vor Trägheit, saß sie da, hörte zu oder hörte nicht zu, kam und ging lautlos und erwies sich in allem als völlige Null.

Trotzdem war gerade sie die Person, die am meisten zählte.

»Wenn ich nur wüsste, was dahintersteckt«, fragte sich Anna ständig und begann sie wie versessen zu beobachten. Mit dem Ergebnis, dass der Gegenstand dieser Beobachtung Anna im Handumdrehen missbrauchte, wie sie andere missbrauchte, und Anna schließlich ihre willigste Sklavin wurde.

Dieses Mädchen hatte zwei Brüder, die ebenfalls den Stammtisch frequentierten. Ihre Mutter saß wie eine besorgte Glucke ein paar Tische weiter und folgte mit ihren schönen schwarzen Kinderaugen dem ausgelassenen Herumtollen ihrer Brut. An Originalität stand sie ihren Kindern nicht nach. Mit schneeweißem Haar, umgeben von ausländischen Zeitungen, saß sie kerzengerade vor ihrem schwarzen Kaffee, Inbild der tragischen Mutter, die allen Respekt einflößt außer ihrer Nachkommenschaft, und wartete darauf, dass eines ihrer Kinder an ihren Tisch kam, um entweder mit ihr zu streiten oder sie um Hilfe zu bitten. Solche turbulenten Szenen ereigneten sich die ganzen langen Nachmittage über, tragikomische Szenen, in denen Pathos und vollkommene Hemmungslosigkeit aufeinanderprallten und die den Leuten rundherum großes Theater bescherten.

Der jüngere Sohn, der in seiner fanatischen Hassliebe wie ein Betrunkener auf seine Mutter zuwankte, der sich buchstäblich zu Tode ängstigte, man könne ihm auch nur einen Hauch kindlicher Gefühle nachweisen, gefiel sich so sehr in der theatralischen Zurschaustellung vorgetäuschten Hasses, dass nur die, die ihn wirklich kannten, ihm seine Exzesse verzeihen konnten. Er war kindischer als jedes Kind und litt über alle Maßen unter dieser Schwäche. Was die Mutter betrifft, so war sie einfach nicht in der Lage, auch nur eines ihrer Kinder für wirklich erwachsen zu halten. Dank dieser überspannten Konstellation blieben sie für sie Wesen, die ständig in Gefahr waren, ohne Kraft für den Lebenskampf – was im Übrigen zutraf –, und die ohne Unterlass beschützt und umsorgt werden mussten, um nicht vom Leben zermalmt zu werden. Waren sie, vor allem die beiden Jüngsten, nicht völlig hilflos wegen des ständigen Geldmangels und ihres völlig ungeregelten Lebens? Sich selbst zu ernähren war eine Aufgabe, mit der sie nicht zurande kamen. Daher schmierte die Mutter noch zu einer Zeit, da andere

Söhne und Töchter längst ihren Lebensunterhalt verdienen, ständig Butterbrote und steckte sie ihren hungrigen Kindern zu, genauso wie sie es tat, als die noch in die Schule gingen. Hans, der damals kaum etwas verdiente und ganz auf diese Nahrungshilfe angewiesen war, konnte seine Scham- und Schuldgefühle nicht mehr abschütteln und sich vor der moralischen Auflösung nur noch retten, indem er ihr gegenüber tat, als sei er völlig plemplem. Er glaubte, auf diese Weise darum herumzukommen, seine Schwächen einzugestehen. Aber entscheidend war, dass er aß, was sie ihm gab, und sich bei Kräften hielt. Sie nahm seine Aussetzer nicht ernst, war klüger, als er dachte, und verzieh ihm mütterlich großherzig. Vorläufig galt ihre ganze Aufmerksamkeit, ihre ganze Fürsorge ihrer Tochter, dem armen verführten Kind, das geradewegs in sein Verderben rannte. Sie hasste den Verführer abgrundtief, drohte ihm mit einer Klage wegen Entführung einer Minderjährigen, dachte aber gar nicht daran, auch nur das Geringste zu unternehmen, denn sie zitterte buchstäblich vor ihrer Tochter. Die Auftritte endeten regelmäßig mit der Drohung der Tochter, sie nie wieder sehen zu wollen, worauf die Mutter natürlich klein beigab, was ihren Hass noch anstachelte.

Alois, der ältere Sohn, oft Gast am Tisch, ohne wirklich dazuzugehören, war Journalist. Er war ein junger Kampfhahn, ein prächtiger Redner voller Possen und Schnurren, der Feuer im Hintern hatte. Er nahm weder das Leben noch sich selbst ernst und legte es darauf an, die »tiefen Vollbartdenker« zu zerlegen, die er nicht riechen konnte«. In diesen funkensprühenden und gewitzten Auseinandersetzungen hatte er die Lacher stets auf seiner Seite. Keiner seiner Gegner nahm ihn ernst, was ihn furchtbar ärgerte, aber den Vorteil hatte, ihn zu grandiosen und stets geistvollen Aperçus zu inspirieren, aus denen er meistens Artikel für seine Zeitung und damit Geld machte. Er hatte ein paar ergebene Freunde, an denen er frohgemut die Pfeile ausprobierte, die er dann auf seine Feinde abschießen würde. Er pumpte sie zu jeder Tages- und Nachtzeit an, was ihn nicht davon abhielt, auch sie zur Zielscheibe für seine geistreichen, aber gnadenlosen Scherze zu machen. Ewig verstrickt in hochtragische Liebesangelegenheiten, an denen er seine Umgebung lebhaft teilhaben ließ, schwankte er zwischen Momenten dunkelster Schwermut, in denen er, Hand am Puls, den Tod erwartete, und überbordender Lebensfreude.

[»Barrières«, Kapitel 13, S. 82–87.]

Im Windschatten des politischen Umsturzes vollzieht sich im November 1918 eine »Sezession im Wiener Geistesleben«, soll heißen: eine Kaffeehaus-Sezession, eine längst überfällige. Denn im »Central« hatte sich über die Jahre ein Rentnergeist breitgemacht, »der auf den leisesten, sensitivsten Sohlen ging; Hamsunismus, in Kartenspiel vertieft«, so Anton Kuh. Nur hie und da noch war Leben in dieses leicht modrige »Asyl der Resignationen« gekommen, etwa »wenn Bibiana, in ihrem süßen Analphabetismus mißbraucht, trotz der ›Pscht!‹ und ›Ksst!‹ der Feintöner sich auf die Empore des Arkadenhofs stellte, ein Kapitel Dostojewski vorzutragen«.[42] Zwei Tage nachdem vom Balkon des Landhauses schräg vis-à-vis dem »Central« aus die Republik Österreich ausgerufen worden war, saß denn auch »alles, was politisch und erotisch revolutionär gesinnt war, drüben im neuen Café – die Mumien blieben im alten«[43]: im neueröffneten Café Herrenhof (Herrengasse 10).

Das kam laut Anton Kuh so: »Bibiana Amon, die Strahlende, als Gretchen von Peter Altenberg entdeckt, aber nun schon zu des Unterzeichneten Helena erblüht, stand auf der obersten der drei Eingangsstufen [des »Central«], blickte zum Gewühl beim Landhaus, sah ihren Geliebten mittendrin und rief: ›Gib acht, Anton! – die Revolution!‹ Die hinter ihr versteckten, neugierig aus den Spielzimmern gekrochenen Mumien stoben zurück. Sie aber muß sich damals mit ihrem Blick weiter vorgewagt haben, zum Neubau gleich an der Ecke links, und das neueröffnete Café ›Herrenhof‹ gesichtet haben.«[44]

Patron des »Herrenhof« ist »nicht mehr Weininger, sondern Dr. Freud; Altenberg wich Kierkegaard; statt der Zeitung nistete die Zeitschrift; statt der Psychologie die Psychoanalyse, und statt des Espritlüftchens von Wien wehte der Sturm von Prag. / Daher war die Luft zunächst antiwienerisch, europäisch. Man debattierte zwar wieder (was durch Tarock, Schach und Poker bereits aus der Mode gekommen war), aber nicht mittels Bonmots und Pointillismen, sondern mit Skalpmessern und unter gleichzeitiger Wegnahme einer Geliebten. / Das war vor allem der Fortschritt: es ging an jedem Tisch Wichtigstes, Beziehungsvollstes vor, oft unter Begleitung von Kokain – ja, und an die Stelle des Wortes ›Verhältnis‹ war jetzt überhaupt die Vokabel ›Beziehung‹ getreten. / Der Aktivismus zog ein: Werfel, Robert Müller, Jacob Moreno-Levy.«[45]

Die plüschgepolsterten Halbkreis-Logen des ausladenden, von einem Glasdach erhellten Mittelsaals des »Herrenhof« – sie bieten für fünf, sechs Personen Platz, sind bei Bedarf auch mit Stühlen zu einem Kreis erweiterbar, der acht bis zehn Personen Platz bietet – sind die Zentren des literarischen Treibens des Kaffeehauses: »Wortschlachten und Sexualgefechte«.[46]

Jede dieser Logen hat einen Vorsitzenden, nach dem sie benannt ist. So sitzt etwa in der Adler-Loge der Begründer der Individualpsychologie, Alfred Adler, mit Frau und Kindern sowie mit Schülern, zu denen Gina Kaus und Manès Sperber gehören,[47] und einem dieser Stammtische präsidiert Ernst Polak, mit seinem gepflegten Schnurrbärtchen an den Filmstar Adolphe Menjou erinnernd und deshalb von Kuh »Herschel Menjou« genannt.[48]

Während Franz Blei, Robert Musil und Hermann Broch nur fallweise am Polak-Tisch gastieren, finden sich hier fast täglich zusammen: Franz Werfel (seit er mit Alma Mahler zusammenlebt, nur noch sporadisch), Anton Kuh, bekennender Neurastheniker und »einzige junge Elementarkraft unseres Journalismus. Ein Ausnahmsfall von renitentem Geist«[49], wie er Mitte 1918 von Berthold Viertel apostrophiert wird; sein älterer Bruder Georg, studierter Jurist, der Anfang 1914 als Bankbeamter in die USA ging, dort nicht Fuß fassen konnte und seit Mitte 1917 wieder in Wien unter seinem amerikanisierten Vornamen »George« journalistisch tätig ist; Milena Polak, Otto Kaus und Gina Kranz (späterhin Kaus), Leopold »Poldi« Weiss (nachmals Muhammad Asad), der Journalist Richard Wiener, der Schriftsteller und Musiker Victor Wittner (von 1930 bis 1933 Chefredakteur des Berliner »Querschnitts«), der Architekt Hans Vetter, Adolf Josef Storfer, der Kunsthistoriker und enge Freund Karl Kraus' Ludwig Münz, Albert Ehrenstein (»Hamlet vor der Matura«[50]), der Dramatiker, Erzähler und Lyriker Fritz Lampl, 1919 Mitbegründer des »Genossenschaftsverlags«, in den Jahren 1918 bis 1922 auch der aktivistische Schriftsteller Karl Otten.

In »Starbesetzung« – Polak, Werfel, Kuh, Gustav Grüner – liefert sich diese Stammtischrunde einen »pointensprühenden Wettbewerb der Einfälle und Meinungen, die wie Bälle im Ping-Pong-Spiel« hin- und hergeschupft werden, und das »so rasant, als ginge es um die Erringung einer Weltmeisterschaft«.[51]

Ebenfalls am Polak-Tisch: Otto Gross: in den Boheme- und Anarchistenzirkeln Münchens, Berlins, Asconas und Wiens als Prophet verehrt; hochbegabter und einst hochgeschätzter Schüler Sigmund Freuds, der, als er die Psychoanalyse gesellschaftskritisch wendet und damit politisiert, verstoßen wird; der, mit unüberhörbar nietzscheanischem Anklang, durch eine »Zurück-Umwertung aller Werte«, soll heißen

eine Überwindung patriarchaler Herrschaft, zu einer »golde-
ne[n] erste[n] Zeitperiode« paradiesischer Urform, egalitärer,
matriarchaler Verhältnisse (zurück)zugelangen strebt;[52] zu
einer Art mutterrechtlichem Kommunismus, »rein von Pflicht
und Moral und Verantwortlichkeit, von wirtschaftlichen und
rechtlichen, moralischen Verbindlichkeiten, von Macht und
Unterwerfung; rein von Vertrag und Autorität, rein von Ehe
und Prostitution«[53]. »Psychoanalytiker auf Barrikadenhö-
he«, der mit missionarischem Eifer die sexuelle Revolution
verficht, die die Menschheit von der Unterdrückung durch
patriarchalische Herrschaftsstrukturen befreien soll, springt
er »alle zwei Minuten auf und [nimmt] irgendeine Frau oder
einen Mann auf seine peripatetischen Hüpfgänge durchs Lokal mit – er [kann] nicht anders die letzte Konsequenz eines
Gedankens entwickeln.«[54]

Der Vater dieses »Revolutionär[s] *a genere*« mit »seinem
hackigen, wüst zerschnittenen Gesicht«, Hans Gross, seit
1905 Inhaber des Grazer Lehrstuhls für Kriminalistik und Kri-
minologe von Weltruf, lässt seine Beziehungen spielen und
seinen Sohn, der bis 1908 in Graz als Privatdozent für Psy-
chopathologie gelehrt hat, im November 1913 in Berlin ver-
haften, unter Polizeibegleitung an die österreichische Grenze
expedieren und mit der Diagnose »unheilbarer und gefähr-
licher Geisteskranker« in der »Privat-Irrenanstalt Tulln« bei
Wien und späterhin in der »Landesirrenanstalt Troppau«,
Schlesien, zwangsinternieren. Über eine Protestkampa-
gne, die von expressionistischen Zeitschriften initiiert wird,
gelangt die Affäre auch auf die Seiten der großen liberalen
Zeitungen und in Form einer Anfrage im Landtag auch aufs
politische Parkett. Die Zwangsinternierung Otto Gross' muss
im Juli 1914 aufgehoben werden, er bleibt aber unter Kuratel.
Kurator: sein Vater – der die Entmündigung betrieben hatte. Otto Gross stirbt, nachdem man ihn zwei Tage davor halb
verhungert und erfroren und auf Entzug mit einer Lungenent-

zündung auf der Straße aufgelesen hat, am 13. Feber 1920 in einem Sanatorium in Berlin-Pankow.

Die Schwestern Anton Kuhs, Margarete (»Grete«), 1891 geboren, Marianne (»Mizzi«), Jahrgang 1894, und Anna (»Nina«), 1897 geboren, rivalisieren zeitweise verbissen um Otto Gross. Mizzi ist längerfristig mit ihm liiert, hat mit ihm eine Tochter, die am 23. November 1916 geborene und am 15. Jänner 2021, 104-jährig in Berlin verstorbene Sophie (Templer-Kuh). Nina wird im Juni 1918 nach einer heftigen Auseinandersetzung mit Mizzi um Otto Gross von der Polizei einvernommen und gibt dort zu Protokoll, dass sie seit Sommer 1914, »von kurzen Unterbrechungen abgesehen«, mit Gross verkehre und zwischen ihnen ein »Liebesverhältnis« bestehe.[55] Stets mit von der Partie: Opium, Morphium, Kokain.

Nicht nur für Anton Kuh, auch für seine Schwestern und seine Mutter Auguste, von ihrer Tochter Grete als »unbürgerlich« und »alles eher, als was man Hausfrau nannte«, beschrieben, die sich, »weil sie u. wir nie Geld hatten«, mit Latein-, Griechisch- und Französisch-Nachhilfeunterricht sowie Klavierstunden »manchmal [ein] paar Gulden« verdient,[56] ist das Kaffeehaus »dauernder, selten verlassener Aufenthaltsort«.[57]

Nicht nur »die ganze Familie« Kuh ist dem »dämonischen Menschen« verfallen[58], auch die erweiterte Familie, der »Herrenhof«-Stammtisch, steht ganz im Bann des charismatischen Sozial- und Sexualrevolutionärs. Ernst Polak und Ernst Weiß »sind schon ganz narrisch«, teilt Bibiana Amon am 23. Juni 1919 Anton Kuh, der zur Kur in Tobelbad bei Graz ist, brieflich mit: »Ernst Weiß speziell hat schon seinen Verstand mitsamt dem Kopf verloren, vor lauter ›Analyse‹ mit Otto Gross. Er redet schon ganz irre und ist für einen gewöhnlich Sterblichen höchst selten zu sprechen. Vor lauter Komplexen, die Otto an ihm entdeckt hat. Ähnlich geht es E. Pollak, nur scheint er etwas kühler zu sein.«[59] Und nicht bloß predigt Gross uneingeschränkte sexuelle Libertinage – sein Essayband »Drei Aufsätze über den inneren Konflikt« ist Pflichtlektüre[60] –, Promiskuität wird in der Boheme-Atmosphäre des »Herrenhof« programmatisch gelebt, wobei die Frauen nicht Spielfiguren sind, wie Kuhs Bemerkung, die Frauen »kiebitzten nicht dem Spiel, sondern bildeten es«[61], einseitig missverstanden werden könnte, sondern emanzipierte Mitspielerinnen.

»[N]un schon zu des Unterzeichneten Helena erblüht«, formuliert Anton Kuh in »›Central‹ und ›Herrenhof‹«: Er und Bibiana Amon sind ab Spätsommer 1918 nicht nur liiert, sondern offenbar förmlich verlobt. Allerdings teilt der »Hof- und Gerichts-Advokat Dr. R. Herzer« Kuh unter dem 4. Jänner 1919 »In Sachen: Amon« mit, daß er von »Frl. Amon« angewiesen worden sei, die »wegen Durchführung der Eheschließung eingeleiteten Schritte nicht weiter fortzusetzen«.[62] Einen Monat davor hatte Bibiana Amon ihrem Verlobten auf Briefpapier des »Grand Hôtel, Wien« die Gründe für die Auflösung des Eheversprechens mitgeteilt. »[F]ortwährend mit mir selbst im Kampfe [...], unsicher in jeder Beziehung, lebensunklug«, wie sie nun einmal sei, blauäugig und naiv, brauche sie zwar nicht geradezu einen »Menschen, der [ihr] Halt ist«, sie könne aber als »wahrhafter Mensch« nichts weniger ertragen als »ewige Ungewißheit, verursacht von einem Menschen, dessen Verantwortungsgefühl einfach nicht vorhanden« sei; könne sie niemand weniger brauchen als einen Menschen, der ihr »ohnehin schwer kämpfendes Dasein noch mehr belastet durch Verworrenheit, Un[n]atürlichkeit und Haltlosigkeit«. Sie sei außerstande, sich auf eine weitere unerquickliche Aussprache einzulassen: »Du weißt ja, daß mein Bildungs und Sprachgrad nicht über solche Mittel verfügt wie der deine. Daher müßte ich in jedem Fall den Kürzeren ziehn. Brieflich ist es mir leichter, meine Einfachheit und Natürlichkeit Dir gegenüber zu behaupten.« Sie verbittet sich für den Moment jeglichen Kontakt, schließt aber verbindlich:

»Ich will Dir nicht für immer lebe wohl sagen. Ich will nur eine Zeit abwarten, in der unsere Herzen etwas zu sich selbst gekommen sind, und, wenn es möglich ist, einer tiefen, schönen Freundschaft fähig zu sein. [...] Daß eine kann ich Dir zum Schlusse noch sagen: Meine Liebe war immer aufrichtig.«[63]

Freundschaftlich verbunden bleiben die beiden jedenfalls, die wenigen erhaltenen Briefe deuten auf eine aufreibende On-off-Beziehung hin, mit der es ihr ernster ist als ihm:

»Lieber Anton, um Dir zu beweisen, daß ich mich nicht im Unrecht (das heißt bewußt) fühle, schreibe ich Dir diesen Brief. Und will gleich anfangen dort wo wir gestern aufgehört haben. Ich könnte mit Recht behaupten daß im Grunde kein erheblicher Unterschied ist, in unserer Liebe. Du giebst als Grund Deines Nichtheiraten-wollens deine unerhörten Hemmungen an. Ich könnte nun mit Recht behaupten, daß es auch von Dir keine wirkliche leichtsinnige Liebe in dem Sinne des Wortes ist, wie Du sie von mir restlos verlangst. Eine Liebe, in der solche Hemmungen bewußt und unbewußt vorhanden sind, kann man nicht als absolute von jedem Bedenken freie Liebe auffassen. Daß was bei Dir eben die Hemmungen sind, ist bei mir die Angst vor dem Zugundegehn. Ich sollte eben, wie Du meinst, alles vergessen, heut, und morgen, an nichts weiter denken als an Dich, von nichts beeinflußt, als von Deiner Liebe, um, über kurz oder lang, an mir selbst, daß Sprichwort zu bestättigen, daß man von der Liebe allein nicht leben kann. Du, der Du trotz deiner unerhörten Fähigkeit Dich über alles unangenehme hinwegzusetzen doch ein bedeutender Realist bist, kanst ja im Ernst gar nicht diese Meinung haben. Ebenso wie Du einen ›Prokuristen‹ hast (natürlich einen mosaischen) der Dich (trotzdem Du, wie Du behauptest mich so liebst, wie man eben einen Menschen lieben kann) bei irgend einem kritischen Augenblick mahnt, so also die Liebe eine Zeitlang ausschaltest, und Vernunft zu Worte kommen läßt (den wie du wohl auch gut weißt, daß Liebe und Vernunft zwei Dinge sind, die nie und nimmer zusammen funktionieren können,) ebenso, will ich sagen, ist bei mir so ein Geist in meinem Herzen der mir (unhöfflich wie Geister einmal schon sind) öfter als notwendig die 26 Jahre vorwirft, meine Vermögungslosigkeit, und im Anhang daran alle meine schlechten Eigenschaften die mich in eine Lage trieben, wo ich diesen Geist, kündigen müßte, also mit andern Worten, wenn ich zu Grunde gehe. Nun will ich aber noch etwas erwähnen, um daß ich dich ernstlich beneide. Nämlich Dein jüdischer Prokurist hat merkwürdigerweise Respekt vor seinem Vorgesetzten, was man aus seiner Anrede (Herr Cheff) entnehmen muß. Wie, wenn ich mich nicht irre Du es selbst gesagt hast. Bei mir ist daß nicht so. Nein ganz anders. Mein mahnender Geist, ist das respecktloseste Wesen, daß man sich vorstellen kann. Aber hat er nicht recht. Na also!

Meine ›soziale Minderwertigkeit‹ nun, davon will ich dich verschonen. Spüre ich doch genau daßelbe, was du beim Lesen dieses Wortes fühlst. Nun aber zum Schluß! Noch eine kurze Bemerkung möchte ich gerne über meine Dir und mir gegebene Bedenkzeit machen.

›Halt!!! Jetzt kommt etwas durchaus logisches‹ (Hört! hört!). Wenn ich schon unbedingt einer Leidenschaft wie die Liebe ist, alles restlos opfern soll daß heißt, jedwedes Bedenken über mein ferneres Leben über Bord zu werfen, so muß ich doch unbedingt wissen, ob mir erstens die Leidenschaft an und für sich, zweitens die Leidenschaft der Liebe insbesondere zur ›absoluten‹ Notwendigkeit wird. Also muß ich mich erstens prüfen, ob (da es ja bis jetzt eine aufrichtige Liebe zu Dir war) diese Liebe durch irgend eine Äußerlichkeit, wie da sind ›Trennung von Tisch und Bett‹, und sonstigen ›Schönheiten‹ gestört werden kann, oder ob sie weiter für mich ›die Liebe‹ ist, die mich dazu berechtigt ›restlos‹ in ihr aufzugehn.

Nur, um daß zu erkennen, bedarf man unbedingt einer vollständigen Abbrechen der Beziehung jedweder Art.

Sollte daß nicht stimmen? Ich für meinen Teil glaube ja.

Solltest Du nun eine Antwort wissen, die mich von der ›Unlogik‹ meines Urteils über diesen Punkt ›überzeugt‹ bitte, ich bin gerne bereit sie anzuhören, vorausgesetzt, ich dürfte mich mit einer Frau die du in dieser Sache competent [findest] (ich meine nun Frau Dr. Mila Adler) (oder Herrn Dr. Adler) besprechen.«[64]

Dem dauernden Kalt-Warm, dessen sie offenbar zunehmend leid ist, begegnet Bibiana Amon keineswegs immer kleinmütig. Am 13. Juni 1919 etwa gibt sie forsch Kontra: »Lieber Anton, dein letzter Brief, oder richtiger gesagt, dein letztes Todesurteil hat – mir gut gefallen. Ich hoffe doch, daß du daß alles rein nur aus furchtbarer Langweile produziert hast.

Sonst käme man leicht zur Vermutung du hättest einen Spahn im Hirn. Wie kanst du dich so verlaufen. Beinah so weit wie der gute Kaus. Seht ihr den allesamt nicht's harmloses in der Welt. Sollten die 4 Jahre Krieg auch die Ideale Welt zerschossen haben.

War ich je ein Kinderverzahrer? Habe ich kleinen Buben daß Liebesspiel beigebracht? Und gar Judenbuben? Na also Anton, beruhig dich, und schreib keinen solchen Aufwand von Blödsinn. Sie ist deiner gar nicht wehrt.

Daß von der ›Wurzen‹ die ich bin, da muß ich Dir recht geben, ich bin und werde sie immer sein. Oder es müßte sich mein Geist ganz wenden.

Daß habe ich gestern, und schon 100 Jahre lang beobachtet. Bin halt unglücklicher Mensch. [...]

Lieber Anton, du hast viel in deinem Kopfe, ich habe aber auch manches in dem meinen. Nur ist nicht alles spruchreif.«[65]

Nicht bloß *einen* Grund für sein »Nichtheiraten-wollen«, sondern gleich eine ganze Liste spruchreifer Gründe führt Anton Kuh in seinen handschriftlichen »Zehn Bibiana-Geboten« an:

»1.) Ich soll nicht mit anderen Leuten über die Bez[iehung] zu B[ibiana] reden.

2.) Ich soll nicht lügen.

3.) Ich soll aesthetischer werden.

4.) Ich soll mir von einem Therapeuten einen Vortrag über das Wort ›Ethik‹ anhören.

5.) Ich soll jeden Tag umherhören, ob die Mama zu essen hat.

6.) Ich soll nachdenken Tag u. Nacht[,] wie ich es ermögliche, Hemmungen zu bekommen.

7.) Ich soll nicht vergessen[,] B[ibiana] zu respektieren.

8.) Ich soll meine schmutzigen Gedanken nicht meiner schönen rüden Freundin mitteilen, sondern sie verschlucken.

9.) Ich soll ernstlich nachdenken, wie ich am besten der B[ibiana] im Leben weiterhelfen kann.

10.) Ich soll eingedenk meines tiefen Schuldbewußtseins beim Aufwachen u. vor dem Zu-Bett-Gehen mir mit allem Aufwand meiner Energie und Kraft 2 Tetschn (zusammen 4) geben.«[66]

Hat sich der hypernervöse, chronisch aufgekratzte Kuh einmal halbwegs im Griff, streut Bibiana ihm Rosen: »L. Anton, ich habe dich sehr lieb. Heute warst du so entzückend wie schon seit Wochen nicht mehr. Daß empfinde ich sehr angenehm, und ich denke daher von dir wieder besser. Du glaubst nicht, wie schön es ist, wenn Du Deine Hysterie etwas zügelst. [...] Du bist mir der sexuell sympathischste Mensch, den ich kenne. Amen. Dixi.«[67] – Unterzeichnet mit »Dein Schicksalerl«.

Das Leben, das Anna nun seit zwei Jahren führte, war für Normalbürger unvorstellbar. Sie glich einer Schlafwandlerin, die auf abschüssigen Dächern mit einer atemberaubenden Sicherheit herumspazierte. Mehr und mehr davon überzeugt, dass der Sinn aller Wahrheit und Größe ausschließlich im »Zerebralen« zu finden sei, setzte sie mit kindlicher Sehnsucht alles daran, sich diese Sphäre mit Hilfe von Kokain zu erobern, und achtete dabei kaum auf ihr körperliches Wohlergehen. Da es ihr an Bildung und an der Fähigkeit zu »gelehrtem Denken« mangelte, kamen aus ihrem chaotischen Inneren, wie bei einem Vulkan, der gleichzeitig Feuer und Asche speit, Profundes und Geniales ebenso zu Tage wie Plattitüden und Ideen, die auf wackligen Beinen standen. Nur mit enormer Mühe und Anstrengung schaffte sie es, ihr Wissen zu sortieren, Nützliches von Nutzlosem zu unterscheiden, um mit ihren Freunden mithalten zu können, die alle klassisch-humanistisch gebildet waren.

Diese Bildung, die sie überbewertete, wollte Anna sich um jeden Preis aneignen. Sie sah darin die treibende Kraft hinter den Dingen, den Hebel, der alles in Bewegung setzte. Ihr fehlte jedoch die Demut einer Anfängerin, die den Lehrmeister als Autorität anerkennt. Disziplinlos, verfiel sie in Überheblichkeit und Selbstzufriedenheit, eine Haltung, die mit dem Minderwertigkeitskomplex leichter zusammengeht, als man denkt. So sammelte sie nach und nach jenes gefährliche Halbwissen an, das gebildete Menschen abstößt. Noch dazu brachte sie, wenn sie nicht drauf war, in ihrer Bangigkeit nichts zuwege, ja im Alltag war sie überraschend hilflos, wenn man an all die Geistesblitze denkt, die ihr das Kokain verschaffte. In ihren ständigen Befindlichkeitsschwankungen kreuzten sich die Wege Annas mit denen einer zweiten Anna, die sie mit einem seltsamen Hass als Feindin betrachtete, deren untergründige Bedrohungen sie zwar ahnte, aber nicht fassen konnte. Diese Persönlichkeitsspaltung flößte ihr eine namenlose Angst ein. Hilflos vor der Frage »Welche von den zweien bin ich wirklich?«, hatte sie nur eine Ausflucht: Kokain. Das erhob sie im Handumdrehen über die enttäuschende Wirklichkeit.

Obwohl die Menschen mit dem Gefühl, zur Einsamkeit verdammt zu sein, geboren werden, es ihnen wie die Farbe ihrer Augen eigen ist und sie lebenslang begleitet, ist es jedes

Mal eine Tragödie, wenn sie sich dessen bewusst werden. Und wenn die Menschen erschrocken erkennen, dass diese Einsamkeit unentrinnbar ist, versuchen sie trotzdem mit aller Gewalt, ihr zu entkommen. So wird die Einsamkeit dann noch schmerzlicher erlebt. Die Menschen vertreiben Freunde wie Feinde und bleiben inmitten ihrer Zeitgenossen ohne Resonanz – das Kainsmal so sichtbar auf der Stirn, dass noch der Gleichgültigste instinktiv den Abgrund spürt, der ihn von diesem Gezeichneten trennt. Der hat mit einem, der vorübergehend und aus freien Stücken die Einsamkeit sucht, nichts gemein. Nein, dem ist nicht zu helfen, nichts kann ihn retten. Anna war von diesem Schicksal gezeichnet und verfiel immer wieder in die alten Gewohnheiten. Sie und die anderen verbanden keine gemeinsamen Gefühle, kein wirkliches gegenseitiges Verständnis, keine Zuneigung. Ihr fehlte es an Ausgeglichenheit und Energie, die sie gebraucht hätte, um Abstoßung in Anziehung zu verwandeln. Alle Brücken, die sie zu anderen baute, mussten eines Tages in sich zusammenstürzen, weil sie keine Fundamente hatten. Sie hingen gleichsam in der Luft und konnten keine Last tragen. Jeder Zweifel ausgeschlossen, das musste Anna früh genug erfahren.

Anfangs hatte sie gehofft, dass das Kokain eine Verständigung zwischen ihr und jenen, nach denen sie sich so sehnte, ermöglichen würde. Nichts da, sie erntete sogleich Hass und Ablehnung bei ihren Versuchen, mit anderen in Beziehung zu treten, sie konnte nichts dafür, und langsam wuchsen ihre Zweifel, dass es für sie eine Rettung geben könne. Da die meisten in ihrem Freundeskreis kein Geld für Kokain hatten, war es Anna, die es besorgte, weniger aus Großzügigkeit denn aus Egoismus: Sie brauchte Gesprächspartner, und die brauchten Kokain. Nächtelang wurde in heruntergekommenen Absteigen diskutiert, in kleinen Wirtshäusern nahe der Markthalle, die die ganze Nacht offen hatten. Seltener gingen sie in die Wohnung des Meisters, da er damals getrennt von seiner Frau lebte. Als sie zu ihm zurückkam – gegen seinen Willen, wie er Anna wissen ließ –, hörten die Zusammenkünfte dort auf. Anna war durch Überlastung, Schlafmangel und Unterernährung so sehr herabgekommen, dass ihr Herz an einem seidenen Faden hing.

Sie kam nach Hause, nahm vier bis sechs Tabletten Bromural und schlief manchmal zwanzig Stunden am Stück. Wenn sie aufwachte, aß sie nur eine Kleinigkeit, zündete sich eine Zigarette an und fing wieder an zu schnupfen. Sie war nur nüchtern, wenn sie sich aus Angst, einen Gesprächspartner zu verlieren, eine Dosis Kokain verkniff. Dann musste sie neues besorgen oder sich mit Schlaftabletten behelfen. Das Geld, von dem sie gehofft hatte, ein Jahr lang sorgenfrei leben zu können, war dank des Eifers ihrer Freunde nach fünf Monaten weg. So verkaufte sie nach und nach die Habseligkeiten, die sie bei dem Leben, das sie führte, ohnehin für überflüssig hielt. Zuerst den Schmuck, den sie von Schneider hatte, ihre eleganten Taschen, ihr Necessaire. Als das weg war, auch ihr Gewand, für das sie nur lächerlich wenig bekam. Innerhalb von acht Monaten war sie so arm wie in der Zeit vor Schneider und gezwungen, wieder als Statistin zu arbeiten, um nicht zu verhungern.

[»Barrières«, Kapitel 13, S. 87–89.]

Zwei Jahre hält es Anna in diesem Milieu, hin- und hergeworfen zwischen Drogenrausch und Phasen der Ausnüchterung, zwischen Anflügen von Ehrgeiz, mit ihrem verbissen erworbenen Halbwissen mit ihren allesamt humanistisch gebildeten Stammtischgenossen mitzuhalten, und zutiefst empfundener Minderwertigkeit, Vereinsamung, Verlassenheit. Und schließlich auch Enttäuschung: Sie, die unter dem Einfluss des Kokains selbstquälerisch offen ist, muss erfahren, dass die Droge keineswegs jedermanns Lauterkeit beflügelt. So hat etwa »Hans K.«, der ihre Sachen an einen Trödler verhökert hat, sie schäbigerweise übervorteilt. »Dabei war er Kokainist, also ein Wahrheitssuchender, einer, der für Harmonie und Schönheit eintrat! Das traf sie wie ein Blitz« [»Barrières«, Kapitel 14, S. 89]. *Ausgerechnet die Frau des »Meisters«, Helene, die dieser ihretwegen verlassen hatte, bewahrt Anna davor, dass sie sich endgültig zugrunde richtet. Helene, der es nie einfallen würde, die Geliebten ihres Mannes für dessen unzählige Seitensprünge verantwortlich zu machen, öffnet Anna die Augen:*

»Ich habe das alles so ernst genommen, und ich habe so viel gelitten ... mehr als ich sagen kann. [...] für die Idee ... Es hat mir alles so viel bedeutet ... Ich dachte wirklich, ich könne gerettet werden. Seit einiger Zeit fühle ich mich krank. Was ich habe, weiß ich nicht. Aber wenn ich Kokain nahm, wusste ich, dass ich anders bin. Helene, ich habe so einen Lebensüberdruss, ich bin so müde ... Ich bin so müde ...«
[»Barrières«, Kapitel 14, S. 91.]

Mit Hilfe ihres Freundes »Rudolf Sch...« – er ist es auch, der ihre Texte in Zeitungen unterbringt und ihr Übersetzungsaufträge vermittelt –, der Anna der Protektion des gutsituierten, gerade auf der Durchreise befindlichen Berliner Ehepaars »von F.« anvertraut, schafft Helene sie schließlich aus Wien weg, nach Berlin.

Drei Tage danach stand Anna, aschfahl und apathisch, um acht Uhr abends neben Helene auf dem Bahnsteig des Westbahnhofs und schien ihr aufmerksam zuzuhören, obwohl sie nicht ein Wort von dem verstand, was die ihr sagte. Herr von F. kam, gab Anna eine Schlafwagenkarte und brachte sie in ihr Abteil. Helene umarmte sie und begann zu weinen. Mit bebenden Lippen sagte sie: »Hab keine Angst, Anna, alles wird gut, nur keine Sorge.« Anna küsste sie und flüsterte: »Nein, nein, Helene, ich habe keine Angst, alles wird gut.« Sie drehte sich schnell um und stieg in den Zug.
[»Barrières«, Kapitel 14, S. 94.]

In Franz Werfels 1929 erschienenem Schlüsselroman »Barbara oder Die Frömmigkeit« findet sich Bibiana Amon in der Figur der Angelika gezeichnet, und das porträtähnlich. Dort bringt Ronald Weiß, dem Egon Erwin Kisch Modell stand, sie auf den Begriff »geniales Dienstmädel«: »Sie war bildhübsch, aber ihr Reiz zeigte tatsächlich das flache Blond und die Geziertheit eines Dienstmädchens, das einen ewigen Sonntag feiert. Die Vernachlässigung des Kleides, die zum Stil dieses Ortes gehörte, war von ihr geschickt gemildert. Während Lisa einen geradezu schmutzigen und ungekämmten Eindruck machte, hatte Angelika gepflegte Nägel und trug eine kleine Bernsteinkette um ihren rührend kindlich gebliebenen Hals. Was aber das Eigenschaftswort ›genial‹ anbelangt, so verdankte sie es den Anfällen wütender Aphoristik, von denen sie gepackt wurde, wenn sich die Wirkung des Kokains einstellte.« Angelika habe »unausgesetzt über ihre geistigen Verhältnisse« gelebt. Sie sei »nie imstande gewesen, zehn Seiten hintereinander zu lesen. Das Kokain half ihr beflügelnd über diese Schwäche hinweg. Sie warf dann mit den Begriffen der Psychoanalyse herum, die damals noch keineswegs volkstümlich war. Sie sprach über Wedekind und andere Dichter, die sie ebenso gründlich kannte. Mitten in dem Schwulst aber kam ihr manchmal ein weiblicher Naturlaut ins Gehege, den sie zu einer knappen Sentenz umzuprägen verstand.« Da habe dann die Stammtischrunde im Café Central und späterhin im Café Herrenhof erstaunt aufgehorcht. Dann wieder sei sie »in kleinlaute Stimmungen« verfallen: »Sie spiegelte eine tückische Primitivität vor und verleugnete selbst das, was sie wußte. In solchen Momenten pflegte sie mit anzüglichem Tonfall eine Lieblingswendung zu gebrauchen: ›Sie müssen nämlich wissen, ich bin niedriger Herkunft.‹«[68]

Von einem Mitarbeiter der »Wiener Allgemeinen Zeitung« darauf angesprochen, was er von dem Konterfei halte, das Werfel von ihm angefertigt hatte, sagte Kisch kurz nach Erscheinen von »Barbara«: »Als ich das Buch las, hatte ich schon mehrere Kritiken[69] gelesen, in denen stand, daß die Figur meine Photographie und eine sehr gehässige Photographie sei. [...] Als ich aber das Buch las, habe ich gesehen, daß *ich eigentlich nicht karikiert bin*. [...] *Das Gedächtnis Werfels ist bewundernswert, und da Gedächtnis Genie ist, ist das Buch bedeutend.* Was Ronald Weiß anbelangt, sind die *Gespräche*, die wir miteinander geführt haben, mit der *Genauigkeit einer Grammophonplatte* wiedergegeben. Nur hie und da kontrapunktiert er einiges.«[70] Für die mit wenigen Ausnahmen karikaturhaften Porträts der Café-Central resp. »Herrenhof«-Clique[71] führt Kisch eine einleuchtende Erklärung an: Distanznahme zum umstürzlerischen Überschwang: »Mit Werfel hat mich damals *ehrliche Freundschaft* verbunden. *(Seither haben wir uns nicht mehr gesehen.)* Und ich war schuld – bitte das Wort schuld unter Anführungszeichen zu setzen –[,] daß er in den Strudel der Revolution gezogen wurde, was er genug bedauerte.«[72]

Auch wenn bei Werfel ein despektierlicher Unterton unüberhörbar ist – Amon kommt hingegen in ihren Briefen stets freundschaftlich auf Werfel zu reden –, trifft er das Vorbild für seine Figur im Kern. Denn ganz ähnlich, wenngleich mit entschieden mehr Sympathie schildert sie auch Milan Dubrovic in seinen Erinnerungen an die Wiener Literatencafés. Ungebildet sei sie gewesen, habe nur über das Wissen der Elementarschule verfügt – und habe doch, begabt mit »einer ungewöhnlichen Aufnahmsfähigkeit und Ausdruckskraft«, wie selbstverständlich in den Intellektuellenkreisen verkehrt: »Sie nahm Bildung und Wissen gierig in sich auf, verschlang alle Bücher, die man ihr empfahl, und aus dieser Halbbildung, die gewürzt war mit Unbefangenheit und Charme, produzierte sie gelegentlich kühne, provozierende Sprüche, die durch ihre Verrücktheit beeindruckten. Man war verleitet, diese aphoristischen Gebilde als geniale Erleuchtung aufzufassen.«[73]

Tatsächlich ist Bibiana Amon, soweit sich das aus der spärlichen Hinterlassenschaft rekonstruieren lässt, hin- und hergeworfen zwischen zutiefst empfundener Minderwertigkeit, Vereinsamung, Verlassenheit und Anflügen von Ehrgeiz. »Mir ist's als wäre ich ein kleines Kind, mit meiner Mutter bei einer großen Messe, oder Kirchweih«, schreibt sie am 12. Juni 1919, »sie hält mein Händchen, ich fühle mich beschützt, sehe nur all daß viele Schöne und gute und bin heiter und glücklich. Plötzlich entgleite ich der führenden Hand, sehe mich allein unter diesen Maßen von Menschen und Getümmel, stehe klein winzig gegen über all diesen riesengroßen ausgewachsenen Menschen da, und fühl mich gänzlich verlassen, mein Herz, pocht mir bis zum Halse, alles was schön ist sehe ich erschreckend häßlich, und vergehe vor Angst zertreten zu werden.

Gibt es auf dieser Welt ein einziges Geschöpf, von dieser Lebensuntüchtigkeit, wie ich sie besitze? So hilflos gegenüber all diesen Menschen, die fest, ihr Ziel vor Augen, drauf los marschieren.«[74]

Um sich gleich darauf einen Ruck zu geben: »Nun, ich werde sehen ob ich mich jetzt behaupten kann, allein, jetzt oder nie.« Vom Komponisten und Kabarett-Routinier Béla Laszky, 1919 Mitbegründer und musikalischer Leiter der »Künstlerspiele PAN« in der Riemergasse, will sie sich in kurzer Zeit für die Bühne ausbilden lassen – ihre Versuche, beim Film zu landen, hat sie gerade enttäuscht eingestellt –, und sie hat »noch nie einen so ehrlichen Willen gehabt, wie diesmal, weil ich weiß, es ist jetzt die letzte Möglichkeit mir gegeben, auf eigenen Füßen zu stehen«. Und ersucht Kuh, ihr nur ja nicht wieder etwas Entmutigendes zu schreiben, »da ich dieses mal einen unbedingten Glauben an mich brauche«.[75]

Freunde unterstützen sie dabei, ihrer »sozialen Minderwertigkeit« abzuhelfen: Überschwänglich schildert sie Anton Kuh in einem mit schwarzer Tinte geschriebenen Brief, was sie zu ihrem 27. Geburtstag alles geschenkt bekommen

hat: »Höre!: Von dem Schwager des Paul Munk die 10 Bände Miguel de Cervantes. Ausgabe 1830 mit herrlichen Kup-
ferstichen« – mit Bleistift ergänzt: »durch List erpreßt!!!!«.
Fritz Lampl hat ihr Wielands »Die Abenteuer des Don Syl-
vio von Rosalva«, Ausgabe 1811, geschenkt, Albert Ehrenstein ein Exemplar seines »Tubutsch«. Ernst Polak hat sich
mit Baudelaires »Tagebüchern« eingestellt, Béla Laszky mit
einer »wunderschönen Ausgabe« der »Arien und Bänkel aus
Altwien« von Oskar Wiener. Hamsun lag ebenso auf dem Ga-
bentisch wie Julius von der Traun. »Jetzt bekomme ich noch
von folgenden Leuten Bücher: Lisl Beer, Franz Nowak, Lau-
er, Erich Zirner, Erich Mitscha, Werfel, Schrecker, Ernst Weiß
und vielleicht noch einiges« – mit Bleistift ergänzt: »auch erpreßt«. »Habe wirklich eine so schöne große Freude, kannst
mir's glauben. Gelt, daß ist schon sehr schön. Natürlich sind
alle wunderbar gebunden, einige in Leder, bis auf die alten
Ausgaben.«[76]

Eine kurzfristige Aussöhnung mit der Clique, auf die sie
zehn Tage zuvor nicht gut zu sprechen ist: »Was sind daß
für Menschen, denen man täglich die Hand reicht, gute, offene Worte mit ihnen spricht, und nur Lüge und Schmutz als
Gegengabe bekommt. Sollten wirklich alle Ideale die man
zum Leben unbedingt braucht langsam, gleichsam mit dem
Leben abbröckeln. Nichts daß man sich retten kann? Wo ist
aufrichtige Freundschaft, wo Menschen zu denen man kommen kann, wenn daß Herz zum Halse hinauf klopft vor Angst,
wem etwas mitteihlen ohne der Gefahr zu laufen, verrahten
zu werden. In Stunden der Not, wo geht man hin, offen sein
Leid zu bekennen, ach Anton, man findet niemand, nur sich
selbst, lernt man dann kennen seine eigene Hilflosigkeit, und
großen Worte und Gesten verliert man. Ich glaube in solchen
Momenten ist der Mensch, daß heißt, fühlt der Mensch sich
nackt.

Alles ist häßlich.«[77]

Zoff gibt es immer wieder. Einmal ist von »Georgs Schweinereien« die Rede, über die Bibiana sich sogar mit dessen Mutter in die Haare gerät, der sie ansonsten unverbrüchlich gewogen ist,[78] ein andermal berichtet Bibiana um 8 Uhr abends aus dem »Herrenhof« von ihrem »separirten Tisch« von einem der gerade wieder einmal stattgehabten häufigen Clinches mit Otto Kaus. Der ist in der Runde über »den jungen Zirner« hergezogen. »Er sprach von ihm, als wäre er ein Staatsverbrecher, und sagte in sehr ernstem, wichtigen Tone, »dieser Mann gehört nicht an den Stammtisch, dieweil er ein Gegenrevolutionär ist«. Ihr Widerspruch hatte einen verbalen Schlagabtausch zur Folge, bei dem sie zwar nicht klein beigibt, ihr wird's aber zu dumm, und sie lässt, obwohl ihr »die ganze Gesellschaft« Recht gibt, den Stammtisch Stammtisch sein: »Der gute Comunist Kaus fängt mir an, entsetzlich leid zu tun! Es ist doch etwas schreckliches, um einen Verfolgungswahnsinnigen. Dieser Größenwahnsinn! Was könnten all diese Menschen schönes leisten, würden sie doch ihre Energien anders und gut verwehrten.«[79]

Der Umgang mit der »Herrenhof«-Stammtisch-Clique bekommt Liliana Amon auf Dauer nicht: nicht die Boheme-Atmosphäre mit ihrer programmatisch gelebten Promiskuität, nicht die chronischen Geldsorgen und erst recht nicht das Kokain. Dauerthema sind Geldsorgen und das Versatzamt. Auch Dauerthema: Kokain. Amon schreibt ihrer »kleine[n] Cocainfreundin« Nina Kuh am 4.9.1919 um »½ 4 Uhr nachts«, dass sie »nach 3wöchentlicher Unterbrechung heute wieder einmal Cocain geschnupft« habe. »Wenn nur diese schauderhafte Verstopfung der Nase nicht wäre, wenn ich ein mal Cocain nehme, und doch zwingt es mich, eine lange Zeit zu pausieren, und daß ist der Vorteil.«[80] Im Oktober 1919 spricht sie Kuh gegenüber ernüchtert von der »Kleinheit und Lächerlichkeit dieser armen, obdachlosen Menschen«, deren »Fantasiegeschwätz« sie, deren »Gehirn wie Wachs« sei, nur verwirre und immer wieder aus der Bahn werfe.

»Ich habe lange Zeit einen großen Fehler begangen. Ich habe diesen Tisch ernst genommen. Jetzt erst wo ich die Kleinheit und Lächerlichkeit dieser armen, obdachlosen Menschen erkennen gelernt habe, sehe, wie furchtbar schädlich so eine geistig jonglierende Bande ist. Jetzt kann ich beruhigt auflachen. Und bin innerlich frei. Es ist sicher interessant all dieses Fantasiegeschwätz, verlorener Menschen zu hören, mit der Zeit aber nimmt man Verschiedenes an, und verirrt sich. Speziell ein Mensch wie ich, dessen Gehirn wie Wachs ist, [ist] leicht zu beeinflussen. Ich bin froh, daß ich dies alles hinter mir habe, und es wird mir sicher kein Bedürfnis mehr sein, und die paar Leute, die mir gefallen (Werfel, Pollak, Ehrenstein, Weiß, Galberg) kann ich an meinem Tische sehen.

Nun Schluß mit diesen Stammtisch-Geschmuß.«[81]

Noch 1923 warnt Bibiana Amon den jungen Milan Dubrovic brieflich eindringlich vor dem »geistig und moralisch aushöhlenden Marasmus« des Literatencafés: »Das ist die Metaphysik des Satans, die hier herrscht [...]. Sie glauben den Sinn des Lebens in einer Paradoxie zu finden. Alles kommt aus der Verzweiflung über die eigene Ohnmacht, aus dem Versagen der eigenen Häßlichkeit und Verstümmeltheit. Du kommst in eine Hexenküche. Sie füsilieren Dich wegen einer Schuld, die Du nicht auf Dich geladen hast, Du kannst es bei Kafka nachlesen, er ist ihr Oberpriester. Das Leben und das Herrenhof schließen einander aus. Bestenfalls sind sie arme Teufel, aus der Wüste ihrer Einsamkeit geflüchtete Neurotiker.«[82]

Sie sucht ihr Heil in der Flucht nach Berlin. Auf dem Weg dorthin adressiert sie am 25. Mai 1920 von Regensburg aus eine Ansichtskarte »An den ›Dichter und Denker Tisch‹ Loge I. / Wien I / Kaffee Herrenhof / Herrengasse«, unter demselben Datum eine weitere an »Herrn / Paul Medina / Wien I / Kaffee Herrenhof / Herrengasse«. Dort, fett unterstrichen, die Zeilen: »Gott sei Dank weg von Wien! Auf ein neues Leben!«[83]

Kurz darauf ein erster Stimmungsbericht aus der Spree-Metropole: »[...] Es geht mir sowohl physisch, wie psychisch sehr gut, und warte alles Kommende ab. Berlin gefällt mir sehr gut und ich bin selbst erstaunt darüber, wo ich doch diese Stadt einmal ganz anders empfunden habe. Ich glaube dieses Gefühl ist teilweise auf meine erworbene Überlegenheit oder besser gesagt, auf richtige Einschätzung der Dinge zurückzuführen. [...] Das Klima ist weit angenehmer als in Wien. [...] Kommen Sie doch auf jedenfall nach Berlin, es ist kein Vergleich zu dem Wiener Leben. Hier ist Arbeiten doch noch ein Vergnügen. Ich bin erst 5 Tage hier, was aber habe ich schon hinter mir. Man kann hier unmöglich verkommen. Habe schon Sehnsucht nach Anton, Nina, Poldi, und Ihnen. Kommt bald. Wie geht es Anton, schreiben Sie mir doch etwas über ihn. Er ist mir nach wie vor der Liebste Mensch, den ich habe.«[84] – Berliner Adresse: »Lillyana Amon / Berlin W. / Nürnbergerstr. 65 / Pension Bruhn«.

Sechs Wochen dauert es, bis Anna vom Kokain los und körperlich wieder einigermaßen hergestellt ist – fürsorglich betreut von »Frau v. F.«, die, selbst Schauspielerin, Anna beim Theater unterbringt.

Unter der Spitzmarke »Berliner Theater« berichtet das »Neue Wiener Tagblatt« am 2. August 1920: »Wie uns aus *Berlin* gemeldet wird, hat die Wienerin Fräulein Bibiana *Amon* im ›Tribünen‹-Theater als Gwendolin in Oskar *Wildes* ›Bunbury‹ mit großem Erfolg *debütiert*.«[85]

Die dreiaktige Komödie steht seit 1. Juni auf dem Spielplan der kleinen Charlottenburger Bühne, in den Hauptrollen Kurt Goetz, Paul Otto, Adele Sandrock und Martha Angerstein als Gwendolin. Auf den (für diese Zeit allerdings nur sehr lückenhaft) überlieferten Theaterzetteln der »Tribüne« scheint Bibiana Amon nicht auf. Im »Deutschen Bühnen-Jahrbuch« ist sie als »Amon, Bibiann« nur in der Ausgabe 1924 verzeichnet (Adresse: Berlin-Friedenau, Sieglindestraße 8) und nicht als fixes Mitglied eines Ensembles.

Was die kleinen Rollen abwerfen, die Anna bekommt, reicht nicht zum Leben. Sie lässt sich aushalten. Beiderseits keine Illusionen: Hans ist stolz auf die schöne Frau, mit der er sich gern zeigt, Anna schätzt ein sorgenfreies Leben – von Liebe weder dort noch da eine Spur. Sie geraten über ein Bild seines verstorbenen Vaters, das er in seiner Wohnung aufhängen will, in Streit. Er hat ihn gehasst, deswegen kann sie das nicht verstehen. Als er ihr kaltschnäuzig Bescheid stößt, sie solle sich bloß nicht in seine Familienangelegenheiten einmischen, er hänge bei sich zu Hause die Bilder auf, die er aufhängen will, platzt ihr der Kragen.

Was den Mann betraf, berührte sie das Aus dieser Beziehung kaum. Was sie jedoch beeindruckte, und das nachhaltig, war der Eklat, den sie sich geleistet hatte. Zum ersten Mal in ihrem Leben hatte sie in ihrer Unzufriedenheit und Hilflosigkeit das Leintuch zerrissen.

»Bin ich wirklich wegen dieser lächerlichen Sache mit dem Bild, das mich im Grunde nichts anging, so ausgerastet?«, fragte sie sich? Nein, sie wusste es besser. Es war der Hass, der sich angestaut hatte, der Hass, sich an einen Mann gebunden zu fühlen, den sie körperlich nicht begehrte, dessen Charakter sie nicht schätzte, den sie nur des luxuriösen Lebens wegen ertrug, das er ihr ermöglichte. Ihre Entsagungsphase, wie sie ihre Kokain-Episode nannte, in der sie alles aufgegeben hatte, um Schönheit und Größe zu erlangen, hatte im totalen Fiasko geendet. Noch radikaler konnte man nicht mit seinem bisherigen Leben abschließen, als sie es tat, schien ihr. Sie war so weit, sich einzugestehen, dass es so etwas wie das Schöne, das Großartige nicht gibt. Es wäre daher lächerlich, diese Lüge zu leben. Es war sicher gescheiter, sich so viel wie möglich herauszunehmen, sich die ganze Decke zu sichern und die Annehmlichkeiten des Lebens in vollen Zügen zu genießen. Man muss einen Kompromiss eingehen zwischen dem, was man will, und dem, was man kriegt. Und es so einrichten, dass man mehr kriegt, als man gibt. Was gab sie? Nichts oder fast nichts. Wenn sie ihren Körper hingab, war sie als Person völlig unbeteiligt. Es schien, als könne sie damit leben. Sie täuschte sich jedoch. Unbeteiligt zu sein und es dabei belassen zu können, das wäre zu schön gewesen. Ganz ohne Beteiligung der Person geht es nicht ab, wenn man sich körperlich hingibt. Gut, die Umarmungen ließ sie ungerührt über sich ergehen, aber tief drinnen sammelte sich kleinweise Groll an. Dessen Druck wurde nach und nach unerträglich, er verwandelte sich unweigerlich in Hass und explodierte schließlich. Ein nichtiger Anlass genügte dann, um Lunte an dieses Pulverfass zu legen, sodass man es nicht für möglich hielt, dass er Auslöser einer solchen Kalamität ist, und man sich sagte: »Wie kommt es, dass dieses Wort, dieser Blick sie gleich auf die Palme gebracht hat? Sie muss ja völlig den Verstand verloren haben.«

Nun begriff Anna, dass ihre Unfähigkeit, an sich zu halten, ein ernsthaftes Hindernis für das Zusammenleben mit einem Mann war. Sie sagte sich: »Weil es beim Leben zu zweit immer Dinge geben wird, die mir auf die Nerven gehen, muss ich aufpassen, damit nicht ich allein die Konsequenzen zu tragen habe. Was tun, um das zu vermeiden?«

[»Barrières«, Kapitel 15, S. 97–98.]

Anna wohnte mit einer Kollegin vom Theater zusammen, die nach dem Tod ihrer Mutter eine Dreizimmerwohnung mit Küche und Bad übernommen hatte, sich aber die Miete allein nicht leisten konnte. Jede hatte ein Zimmer für sich, und das Esszimmer teilten sie sich. Diese junge Frau mochte Anna wegen deren Offenheit und Ungezwungenheit. Friedl Weil war zwar keine Schönheit, aber sie hatte Charme und war nicht unattraktiv. Im Gegensatz zur kühlen Anna war sie eine sehr sinnliche Natur. Keine zwei Menschen auf der Welt wären weniger geeignet gewesen, einander zu verstehen. Es blieb nicht aus, dass sich eines Tages folgendes Gespräch ergab: »Liebst du ihn denn wirklich?« – »Nein. Warum fragst du?« – »Aha. Aber du schläfst mit ihm, oder?« – »Klar, ich muss ja, sonst würde er mir kein Geld geben.« – »Aber macht es dir gar nichts aus? Ich meine, wenn du mit ihm zusammen bist, verspürst du da keine Lust?« Anna schaute Friedl an, als ob sie nur Bahnhof verstünde. »Warum kommst du mir ständig mit dieser ›Lust‹? Eigentlich widert's mich an, immer schon, nicht nur mit ihm. Aber sie wollen es alle, dem entkommst du nicht.« Sie zuckte die Achseln. »Was soll ich machen? Ich versteh' nicht, warum die Leute so scharf darauf sind, so etwas Lächerliches!«

Jetzt sah Friedl sie verdutzt und ungläubig an. »Du willst mir doch nicht erzählen, dass du, wenn du mit einem Mann zusammen warst, noch nie Lust dabei empfunden hast? Du hast mir doch gesagt, du hast vor ihm schon andere gehabt.« – »Ich will dazu nichts sagen«, sagte Anna mit unterdrückter Wut. »Ob du's glaubst oder nicht, das ist mir ziemlich egal. Ich werde erst *den* Mann lieben, der das nicht von mir verlangt.« – »Entweder machst du Witze, oder du bist nicht ganz richtig.«

Fuchsteufelswild stieß Anna aus: »Ich mache keine Witze, ich bin auch nicht abnormal, die Männer sind einfach Schweine.«

Sie stürzte aus dem Zimmer und knallte die Tür hinter sich zu, wütend darüber, dass sie sich auf dieses Gespräch eingelassen hatte. Mehr noch als Friedl hasste sie sich selbst dafür. »Nicht genug damit, dass wir's über uns ergehen lassen müssen«, dachte sie, »aber auch noch darüber reden, das setzt dem Ganzen die Krone auf!«

Von da an vermied Friedl sorgfältig jedes Gespräch, das dieses Thema auch nur am Rand streifte, und gefiel sich darin, Anna als bedauernswertes Mädchen zu betrachten, das ihr aufrichtig leidtat.

Am Tag der Trennung war Friedl gerade im gemeinsamen Zimmer am Schreiben. Anna polterte herein. Sie hatte rote Flecken im Gesicht, und Friedl wusste sofort, dass etwas vorgefallen war. Bevor sie den Mund aufmachen konnte, sprudelte es schon aus Anna heraus: »Gott sei Dank ist Schluss, jetzt hab ich's endgültig hinter mir. Friedl, du hast keine Ahnung, wie ich mich fühle.« Friedl fragte so unschuldig wie möglich: »Was ist denn passiert, Anna?« – »Was passiert ist? Er hat mich vor die Tür gesetzt. Aber vorher hab' ich ihm einen kleinen Tanz gemacht. Das hättest du sehen sollen!« Und sie erzählte ihr die ganze Geschichte mit dem zerbrochenen Bild und berauschte sich an ihrer Heldentat: »Ich hätte das ganze Haus demolieren sollen! War ich nicht im Recht, sag ehrlich? Eine Schweinerei sondergleichen! So ein Saukerl! Drecksack!«

»Aber Anna, wenn du ihn nicht liebst«, sagte Friedl, die Annas Empörung nicht nachvollziehen konnte, »was kümmert's dich dann? Soll er doch an die Wand hängen, was er will!« Doch Anna unterbrach sie: »Was? Findest du nicht, dass man jemand, mit dem man zusammenlebt, zumindest mit Wertschätzung zu begegnen hat? Wenn ich mich danebenbenommen habe, dann schäme ich mich wenigstens dafür. Wenn die Leute kein Schamgefühl mehr haben, hört sich das Leben ganz auf! Dann ist ja das Leben nur mehr ein Schweinestall!« – »Hör mal, Anna, nimm es mir nicht übel, aber mir scheint, du komplizierst die Sache unnötig. Du sagst, du liebst ihn nicht, und weil ich weiß, wie aufrichtig du bist, hast du ihn darüber sicher nicht im Zweifel gelassen. Dann wird das zu einer einfachen Geschäftsbeziehung: Er zahlt, um ein schönes Mädchen zur Freundin zu haben. Er hat sich zu nichts weiter verpflichtet. Du kannst von ihm nicht mehr verlangen, als du ihm selber gibst.«

Das saß. Anna schwieg.

»Wenn ich du wäre, würde ich versuchen, am Theater groß rauszukommen. Sogar die Wagner, die vor Neid krepiert, wenn andere Erfolge feiern [...], sagte, du hättest Talent. Dann könntest du dir das Ganze ersparen. Du könntest dir aus der eigenen Tasche ein aufwendiges Leben finanzieren. So wie du aussiehst, kannst du eine große Schauspielerin werden.«

Mit einem Mal hatte Anna die Szene in dem kleinen Café vor Augen, als Schneider auf sie eingeredet hatte. Die Worte »Sie werden in diesem Dreck verrecken« hatte sie so deutlich im Ohr, als hätte er sie gerade noch einmal ausgesprochen. Gedankenverloren sagte sie zu Friedl: »Ich war einmal auf dem besten Weg, eine große Sängerin zu werden.« Dann, den Kopf auf den verschränkten Armen, begann sie bitterlich zu weinen.

Annas »Witwenstand« dauerte ganze drei Tage. Am vierten stürmte sie in Friedls Zimmer, die mit einer Erkältung im Bett lag, und erzählte ihr, übers ganze Gesicht strahlend, ohne ihr mit Details aufzuwarten, wie ein junger Mann am Bühnenausgang mit Blumen auf sie gewartet hatte. Ein biederer, etwas einfältiger Bursche, der ihr schon am ersten Abend – welch sonderbarer Zufall! – ein Foto seines Vaters gezeigt hatte, eines alten Herrn mit langem Bart.

Als sie sich besser kannten, bat er sie, das Theater an den Nagel zu hängen. Aber davon wollte sie nichts wissen. Nicht, dass sie sich für eine große Künstlerin hielt oder dass sie die Theaterluft unbedingt brauchte, sondern vor allem aus praktischen Gründen. Sie wollte nicht als Frau dastehen, die sich aushalten lässt. Was bei Schauspielerinnen als völlig normal angesehen wird: reiche Freunde zu haben, setzt eine Frau ohne Beruf zu einer vulgären Kokotte herab. Anna gestand sich ohne weiteres ein, dass sie auch nichts Besseres war, aber sie hatte nicht den Mut, andere das wissen zu lassen.

Auch wenn sie nur eine kleine Nummer war, wurde sie als Schauspielerin in Kreisen akzeptiert, die sie als Frau, die sich aushalten ließ, nie hätte frequentieren können. Und obwohl sie diese Moral empörend fand, musste sie sich ihr fügen. »Ich verdiene hundertfünfzig Mark, mein Lebensstil kostet mich tausend, aber diese hundertfünfzig Mark, die nicht einmal für meine Kosmetika reichen, geben mir den Mehrwert, den ich für diese Leute habe. Wenn ich auf die hundertfünfzig Mark verzichte, bin ich in ihren Augen nichts als eine Hure.«

»Was willst du, meine Gute«, antwortete ihr Friedl eines Tages, »entweder man legt Wert auf diesen Mehrwert – und wie es aussieht, tust du das –, oder man verzichtet darauf. Aber ich verstehe nicht, warum du unablässig gegen derlei in Granit gemeißelte Anschauungen wetterst, wenn du deren Nutznießerin bist. Niemand auf der Welt zwingt dich, mit dem Haufen zu marschieren. Mir ist noch nie so jemand wie du untergekommen, jemand, der einen Moralkodex bekämpft, dessen Annehmlichkeiten er gern alle absahnt.«

Volltreffer.

Friedl kostete die Wirkung ihrer Worte auf Anna aus. Die schlug ihre Augen vor Scham nieder. Was Friedl an Anna so schätze, war deren Bereitwilligkeit, sich Kritik zu stellen und Nutzen daraus zu ziehen. Außerdem war Anna keine Spur gemein. Sie entgegnete denn auch ohne einen Anflug von Gekränktheit: »Ja, du magst recht haben, ich tauge nicht viel. Vielleicht liegt es daran, dass ich überhaupt nicht weiß, was ich will.« – »Wie kommst du darauf? Du bist jung, schön und willst gut leben. Warum zum Teufel gehst du es nicht einfach an?« – »Stimmt, ja, aber weißt du, ich glaube, dass das, was ich will, ganz was anderes ist. Sicher sogar, Friedl, denn warum bin ich so unglücklich, wenn ich doch im Großen und Ganzen das habe, was ich scheinbar will? Irgendwas stimmt da nicht.«

»Du müsstest endlich einmal verliebt sein, so richtig verliebt ... Wird schon noch kommen, wirst sehen. Warum solltest du eine Ausnahme sein? Nur wirst du dich über-zwerg verlieben, weil du es lieber kompliziert hast als ein-fach ...«

»Wenn's mir bisher noch nicht passiert ist, kann ich schwer dran glauben, dass es mir überhaupt noch passieren wird. Männer sind so komisch. Sie springen einen sofort an, man braucht sie gar nicht erobern. Ich finde das fürchter-lich. Es ist immer reine Glückssache: Weil wir einfach ge-rade da sind. Kann gern auch die neben dir sein. Sie sind so eitel, dass sie mir alle meine Macken nachsehen, sie er-mutigen mich sogar, es noch ärger zu treiben. Dass man sie nicht liebt, macht ihnen nichts aus, aber wehe, man trägt einen Hut, der nicht zum Kleid passt, da gibt's gleich einen Nervenzusammenbruch! Die ganze Zeit, die ich mit Hans ging, musterte er mich zunächst von oben bis unten, ob's eh nichts auszusetzen gebe, dann erst grüßte er mich. Wenn etwas nicht passte, und das kommt bei mir halt vor, hätte ich unbefleckt wie die Jungfrau Maria sein können, er hätte es nicht bemerkt. Es geht nicht darum, gut zu sein oder das Gute zu wollen, das ist es, was mich anwidert. Mir kommt manchmal vor, die Welt ist ein Käfig voll geiler Affen. Ent-weder ist das wirklich alles, was hier auf Erden zählt, dann bin ich eben daneben und muss mich schleichen, weil ich kein Recht habe zu leben, oder aber es gibt noch etwas an-deres, das uns zum Lachen und zum Weinen bringt, und ich habe recht mit meinem Erstaunen, meiner Bitterkeit und meinen Zweifeln angesichts dieses Lebens.«

»Schon wahr, alles sehr kompliziert!«, dachte Friedl, die nicht wusste, was sie darauf sagen sollte.

Anna blieb also am Theater, und alles Drängen ihres Geliebten, es sein zu lassen, fruchtete nichts. Er war ratlos. Wie konnte er ihr verständlich machen, wie wichtig es ihm war, dass sie die Bühne an den Nagel hängte? Schließlich sagte er zu ihr: »Es ist mir unangenehm, dass du dich aller Welt so zeigst. All diese Blicke, die dich ausziehen ... Ich weiß, wovon ich rede«, setzte er ehrlicherweise nach. Anna lachte wie über einen guten Witz und sah ihn erstaunt an. Sie wäre noch erstaunter gewesen, hätte sie gewusst, dass er den Plan gefasst hatte, sie zu heiraten. Er wusste nichts über sie, wollte sie ein wenig besser kennenlernen, sie und ihre Vergangenheit. So erfuhr Anna, was es bedeutet, einen eifersüchtigen Liebhaber zu haben, eifersüchtig bis zur Raserei.

[»Barrières«, Kapitel 16, S. 98–103.]

Robert, ihr neuer Kavalier, aus bester Hamburger Familie, versucht beharrlich, Anna etwas über »die Zeit vor ihm« zu entlocken. Was sie rasend macht. – Ob sie etwas zu verbergen habe? – I wo! Sie blockt seine Fragen ab, er stöbert heimlich in ihrem Schreibtisch und findet ein Babyfoto Annas, das er an sich nimmt. Als dieses Foto beim Bezahlen der Rechnung in einem Restaurant aus seiner Brieftasche fällt, macht sie ihm eine Szene.

»Das ist wirklich – was?«, setzte Anna, die fürchterlich enttäuscht war, nach. Statt Anklägerin war sie nun Angeklagte, und das war dann doch *zu* viel.

»Das ist eine private Sache zwischen uns zwei«, fuhr er, im Zimmer auf und ab gehend, fort, »und es geht nur uns beide an. Wir können das unter vier Augen ausdiskutieren, aber ...« – ihm fiel wieder ein, was er vorhin hatte sagen wollte, »aber du hast ja nicht einen Funken Benehmen, du musstest diesen Auftritt natürlich vor allen Leuten hinlegen. Eine unglaubliche Rüpelei, die du dir da geleistet hast.«

Nun hätte ein Engel durchs Zimmer schweben können – er hätte Annas Ausbruch nicht verhindern können.

»Gut«, sagte sie, »du findest mich schlecht erzogen. Ich werde in einem Restaurant ein wenig lauter. Du wolltest ja unbedingt wissen, wo ich herkomme? Ich sag's dir!« schrie sie, »aus dem Dreck. Ich hatte nicht so viel Glück wie du, aber dein ganzes Glück und deine ganze gute Erziehung haben dich nicht gut und liebenswürdig genug gemacht, dass du einen Menschen in Ruhe lassen kannst, der dich darum gebeten hat und der dir hundertmal zu verstehen gegeben hat, dass er nicht darüber sprechen kann und will. Ich hatte nie jemanden, der sich um meine Erziehung gekümmert hat, aber ich habe Takt genug, dass ich meine Nase nicht in Dinge stecke, die man mir nicht zeigen will.« Wutentbrannt stürmte sie hinaus.

Um nichts weniger wütend ging Robert, aber diesmal ärgerte sich Anna darüber, dass sie sich von ihrer Wut hatte hinreißen lassen. Tagelang zerbrach sie sich den Kopf, woher dieser Zerstörungsdrang rührte. Dieser Impuls hinderte sie daran, die Kompromisse einzugehen, die das Leben, das sie führte, erforderte.

»Ich kann Freunde nicht halten, irgendetwas an mir hält die Leute auf Distanz ...« Sie ging alle ihre Kollegen am Theater durch. Mit niemand, weder Mann noch Frau, außer Friedl verband sie eine wenn auch noch so oberflächliche Freundschaft [...]. Niemand, der ihr seine Sorgen oder Freuden anvertraut hätte, niemand, zu dem sie Zuflucht hätte nehmen können, wenn es ihr schlecht ging! Sicher, alle bewunderten ihre Schönheit, aber ihre Kühle stieß sie ab. Sie war eher geduldet als gerngesehen. Dass sie die Wahrheit immer wie eine Bombe explodieren lassen musste, sorgte häufig für betretene Mienen. Die Leute, mit denen sie zu tun hatte, waren offenbar nicht so unerbittlich auf diese Wahrheit aus wie sie, sie hegten lieber ihre Illusionen. Was alle gegen sie aufbrachte, war der lächerliche »Bekehrungseifer«, von dem Anna wie besessen war und mit dem sie ständig Streit provozierte. Zunächst wunderte man sich, weil man nicht verstand, was es mit ihren überfallsartigen Forderungen nach moralischer Tiefe auf sich hatte. Sie hatte die Gabe, Menschen genau dann zu verunsichern oder vor den Kopf zu stoßen, wenn die Stimmung gerade ausgelassener war denn je. Alle verstummten dann und sahen sie an, als ob sie nicht richtig ticke. Zwischen deren freudig erregtem Gespräch und dem Thema, das sie unvermittelt aufs Tapet brachte, gab es nicht den geringsten Zusammenhang. Aus heiterem Himmel fiel sie mit fanatischem Eifer über diesen oder jene her, um ihm oder ihr die Ansicht zu einem Thema zu entreißen, das allen gleichgültig, für sie jedoch von entscheidender Bedeutung war. Sie fand und fand dann kein Ende und nötigte alle, sich mehr oder weniger aktiv an der Auseinandersetzung zu beteiligen. Die gute Stimmung war beim Teufel, die Themen, um die es ging, interessierten die wenigsten, außer es ging um das Mann-Frau-Thema. In diesem Fall ging's immer hoch her, und die Auseinandersetzung wurde auch immer persönlich.

[»Barrières«, Kapitel 17, S. 106–107.]

Annas Geliebte kommen und gehen. Sie schmücken sich mit ihr wie mit einer Blume im Knopfloch. Sie ist auch nach mannigfachen Erfahrungen grenzenlos naiv und stolpert von einer Enttäuschung zur nächsten.

Anna war konsterniert: »Er hätte doch offen sagen können, dass er kein Geld hat«, empörte sie sich, »dann hätte ich ihn irgendwo zum Abendessen eingeladen, aber natürlich nicht bei Kranzler – das war einfach gemein!«

»Das konnte er ja nicht ahnen! Die allermeisten Frauen hätten ihm sofort den Laufpass gegeben, wenn er gleich gesagt hätte, dass er keine Kohle hat. Jedenfalls«, lenkte Friedl ein, »finde ich auch, dass das, was er getan hat, gemein war. Na, bist du jetzt zufrieden?«

Weil Anna nicht antwortete, fuhr sie fort: »Ich gebe dir einen guten Rat: Lass dich nicht auf der Straße abschleppen. Man muss kein großer Psychologe sein, um sofort zu sehen, wie naiv du bist. Du bist das geborene Opfer für solche Menschen. Die riechen das, und du hast wieder die Scherereien. Außerdem hast du das ja gar nicht nötig bei deinem Bekanntenkreis!«

»Na jedenfalls wird mir das nicht so schnell wieder passieren, das kannst du mir glauben! Wenn man genauer hinschaut, ist das doch alles widerlich. Die Kohle! Könnten wir doch ohne leben! So um die Zeit meiner Erstkommunion und meiner ersten Beichte wollte ich ins Kloster gehen, ich war wahnsinnig fromm, und jetzt kommt mir das wieder in den Sinn. Es tut sicher gut, abseits von all diesem Zeug zu leben. Nicht, dass ich noch immer fromm wär', aber ich hab' Angst vorm Leben. Ich hab' irgendwas an mir, das mich immer scheitern lässt. Mir fehlt ein Organ, mit dem ich verstehen könnte, was mir so rätselhaft erscheint. Mir scheint, ich bin immer Kind geblieben, ja, genau, das ist es ... als ob die anderen erwachsen wären und ich nicht. Als ob sie ein Geheimnis hüten, von dem ich nicht weiß und von dem ich ausgeschlossen bin.«

Friedl blickte sie voll Mitgefühl an. »Sie ist so ehrlich unglücklich«, dachte sie, »und ich kann ihr nicht helfen. Selbst wenn ich ihr sagen würde, dass das alles mit ihrem Verhältnis zu Männern zu tun hat ... dass sie unbefriedigt ist ... sie würde es abstreiten, weil sie es nicht verstehen kann, und dann würden wir wieder endlos debattieren.« – »Weißt du, wenn mir diese Sache mit den Männern wenigstens Lust bereiten würde ... aber irgendwie schäme ich mich immer. Wenn man Kinder haben will, dann versteh' ich's ja noch, aber einfach so ... Aber egal, du verstehst mich ja doch nicht.«

[»Barrières«, Kapitel 19, S. 116.]

Als Friedl schwer erkrankt und schließlich stirbt, ist Anna wieder beim möblierten Zimmer angelangt. Inzwischen 25, ist sie am Theater keinen Schritt vorwärtsgekommen, wird weiterhin mit Nebenrollen in Salonstücken – die dritte Mondäne von links – abgespeist, obwohl sie sich eher in Charakterrollen wie der »Dämonischen« sieht. Ein verheirateter Mann richtet ihr eine Wohnung ein. Finanziell ist er großzügig, macht Anna aber ansonsten viel zu schaffen. Er kann sich nicht mit ihr zeigen, besucht sie drei Abende die Woche in ihrer Wohnung, an den übrigen spioniert er ihr telefonisch hinterher.

Er steckte ziemlich in der Klemme. Er, der seine Ehefrau ständig betrog, erinnerte sich der Affären mit Frauen, die ihn betrogen hatten. Dass er Anna nicht traute, hatte mit den Erfahrungen zu tun, die er gemacht hatte. Er konnte ihr nicht einfach aufs Wort glauben. Dass Anna ihm noch nie gesagt hatte, dass sie ihn liebe, sie andererseits auch von ihm noch nie verlangt hatte, dass er ihr das versichere, tat ihm zwar weh, er war aber auch froh, dass sie ihm nichts vormachte. Ihre kühle Art zog ihn an, hatte er doch lange unter der Sinnlichkeit seiner Ehefrau gelitten, aber er war sich keineswegs sicher, ob Anna allen gegenüber so reserviert war. Er malte sich aus, dass sie sich in den Armen anderer Männer ganz anders geben könnte, und das war eigentlich der Grund für sein Misstrauen.

Unvermittelt blieb sie vor ihm stehen, schaute ihn ernst an und fragte: »Findest du, dass ich anders bin als die anderen? Ich meine ...«

Kaum hatte sie das ausgesprochen, bereute sie es auch schon. Sie lächelte ihn verlegen an. Aber er schien ihre Frage nicht verstanden zu haben.

»Nein«, antwortete er, »was verstehst du unter ›anders‹? Abgesehen davon, dass du schöner bist, fällt mir nichts ein, was dich von anderen Frauen unterscheidet.«

Anna hatte sich wieder gefasst und war jetzt froh, dass er ihre Frage so harmlos verstanden hatte.

»Du bist fraglos aufrichtiger und weniger von dir eingenommen als die meisten. Dabei hättest du allen Grund dazu. Warum«, fuhr er nach einer Weile fort, »gehst du eigentlich noch mit mir? Dass ich dich aushalte, ist ja nicht der Grund. Was ich dir biete, können andere dir auch bieten. Außerdem muss ich dich verheimlichen, worunter du leidest. Du könntest andere Ansprüche haben, Anna, und ich bin froh, dass du sie nicht hast. Aber ich versteh's ehrlich gesagt nicht. Wenn ich keine Kinder hätte, würde ich mich von meiner Frau trennen und mit dir leben. Das geht aber nicht, weil meine Frau mir die Kinder wegnehmen würde, und das würde mich sehr unglücklich machen, sie hängen nämlich mehr an mir als an ihr, und meine Frau würde sie das spüren lassen.«

»Das versteh' ich«, sagte Anna gedankenverloren, »wenn du mein Vater wärst, würde ich auch an dir hängen.«

Als sie sah, was diese Worte bei ihm auslösten, konnte sie spüren, wie ihr das Blut in den Kopf schoss. »Ich meine«, stammelte sie, »es muss schön sein, einen Vater zu haben. Nichts anderes wollte ich damit sagen. Ich hatte ja keinen.« Sie hatte Tränen in den Augen.

Er hingegen dachte: »Sie hätte nicht besser ausdrücken können, was sie wirklich für mich empfindet«, und er schwankte zwischen verletzter Eitelkeit und Mitleid mit ihr. Aber als er sie so dastehen sah, zermartert vor Kummer, vergaß er die Kränkung und sagte gütig: »Du brauchst es mir nicht zu sagen, ich weiß auch so, dass du einiges durchgemacht hast. Ich bin weder blind noch taub. Anna, du bist noch so jung, dir steht alles offen, du hast kein Recht zu verzweifeln. Das alles ist Vergangenheit, vor dir liegt die Zukunft. Du musst dich zwingen, die Dinge, die hinter dir liegen, zu vergessen.«

Von diesem Tag an begegnete er ihr anders als bisher. Anna merkte es sofort. Er war weiterhin freundlich und aufmerksam, hatte aber immer seltener körperliches Verlangen, er war sichtlich gehemmt. Anna war klar, dass sie ihn verlieren würde.

Solang er nur darüber gegrübelt hatte, was sie in ihm sah, hatte er sich noch einreden können, dass er falsch lag, dass sie eben unterkühlt war – und sonst nichts ... dass sie ihre Gefühle nicht ausdrücken konnte. Aber nach diesem Gespräch hätte er sich ein bisschen schäbig gefühlt, wenn er trotzdem gewollt hätte, dass sie sich ihm hingab. Sie begegnete ihm ohne das geringste Interesse daran, ohne ihn auch nur mit der leisesten Geste dazu zu ermutigen, sodass ihm nichts übrig blieb, als es sich aus dem Kopf zu schlagen.

Nach ihrem letzten Gespräch hätte Anna ihm nichts mehr vorspielen können, was sie bis dahin versucht hatte, wenn auch sehr ungeschickt. Es war nun alles gesagt zwischen ihnen, und sie konnte nun nicht einfach weitermachen wie bisher. Aber sie wollte ihn als Freund behalten.

Eines Abends bemerkte er, dass sie geweint hatte, und fragte, ob sie etwas bedrücke oder ihr etwas zugestoßen sei. Sie blickte ihn lang nachdenklich an und fragte dann gewohnt entschlossen: »Kannst du mir sagen, warum mich die Männer so schnell fallenlassen? Es gibt doch in allen Beziehungen Krach, aber dann bemüht man sich wieder, alles einzurenken. Ich kann mir nicht vorstellen, dass alle Frauen mehr taugen als ich. Und doch kommen sie alle eher auf ihre Rechnung, als mir das je gelingen wird.« Verzweifelt schlug sie sich an die Brust setzte hinzu: »Bin ich denn als Frau gar nichts wert?« – »Nein, Anna, das ist es nicht, ganz und gar nicht. Vielleicht hat es eher mit deiner Persönlichkeit zu tun. Du legst dich ins Zeug für ein hehres Anliegen, deswegen weist du Männer auf ihre Schwächen und Mängel hin. Du ziehst also Nutzen aus ihnen und ihrem aufwendigen Lebensstil – den du aber ständig kritisierst. Sie fühlen sich vermutlich irgendwie von dir missbraucht.«

Anna blickte ihn bass erstaunt an. »Genau das, nur in anderen Worten, hat mir Friedl auch gesagt.« Sie überlegte kurz. »Ich wär' dir sehr dankbar, wenn du meine Frage ehrlich beantworten würdest, das würde mir weiterhelfen: Kannst du mir sagen, wann du diesen Eindruck gewonnen hast?« – »Um ehrlich zu sein, wusste ich von Anfang an nicht, was ich von dir halten sollte. Da war so viel Widersprüchliches. Erinnerst du dich? Ich weiß nicht mehr, war es das dritte oder vierte Mal, dass wir zusammen waren. Ich habe dir gesagt, dass ich verheiratet bin. Du warst empört, konntest nicht verstehen, wie man so ein Doppelleben führen kann. Damals war ich überzeugt, dass du dich trennen wolltest. Eine Stunde später hast du mich gebeten, dir eine Wohnung einzurichten, du hättest die Nase voll von möblierten Zimmern. Du machst also bei genau den Dingen mit, die du bekämpfst. Wie ein Hehler, der einem Dieb sagt, er soll sich für sein Verbrechen schämen, der aber die Hälfte des Diebesguts fordert. Das geht schwer zusammen. Wenn du gleichzeitig Richterin und Komplizin sein willst, dann täuschst du dich, wenn du glaubst, den Leuten ist das egal. Sie sehen das ganz genau und sind zu Recht empört. Und, entschuldige meine Offenheit, ein Mann, der eine schöne Frau aushält, ist sicher nicht darauf aus, sich moralisch aufhelfen zu lassen. Seine Eitelkeit spielt dabei eine weitaus größere Rolle als seine edlen Gefühle.«

Die Ellbogen im Sitzen auf ihre Knie gestützt, den Kopf auf ihre Hände, fixierte Anna ihn finster. Sie war sichtlich bemüht, zu verstehen, was sie gerade zu hören bekommen hatte. Man hätte meinen können, sie hypnotisiere diesen Mann, damit er endlich die Worte finde, die sie erwartete.

»Ich frage mich oft, was dich eigentlich dazu drängt, so ein Leben zu führen. Du bist bescheiden und kommst gut ohne Luxus aus. Ich hatte noch nie eine Freundin, die so wenig Ansprüche stellt wie du. Was du willst, ist im Grunde recht spießig. Du sagst ja selbst, dass du auch ohne Theater leben könntest, und zwar ohne dass dir groß was abginge. Aber für so ein Leben fehlt dir eine ganze Menge! Und du tust außerdem alles – und man könnte meinen, mit voller Absicht –, um dir dieses für dich ohnehin schon so schwierige Leben auch noch zu erschweren. Ich würde es ja noch verstehen, wenn du sehr sinnlich wärst, das bist du aber nicht. Die Energie, die dir dieses Leben abverlangt, könntest du genauso gut einsetzen, um ganz gewöhnlich zu heiraten. Du bist ein Rätsel für mich, aber ich bin überzeugt davon, dass dieser Kampf, den du für das Gute und Wahre führst, Ausdruck all des Besseren ist, das in dir steckt.«

»Ich weiß nicht, aber ich glaube nicht, dass mich wer heiraten würde, jedenfalls kein Mann, der auch nur ein bisschen auf sich hält. Wenn er es täte, könnte er sich nicht mit meinen guten Absichten zufriedengeben, könnte er nicht glauben, dass das, was passiert ist, tatsächlich passiert ist, er müsste immer misstrauisch sein. Mein ganzes Leben ist auf Verstellung aufgebaut, und das seit meiner frühesten Kindheit. Ich habe einen Makel, ohne dass ich wüsste, worin er besteht. Ich glaube nicht, dass das je irgendwer verstehen wird. Hast du Dostojewskis ›Idiot‹ gelesen? Wie dieser Fürst Myschkin, so muss ein Mann sein, um mich zu verstehen ... genau so. Aber ich habe in meinem ganzen Leben noch niemand getroffen, der ihm ähnelt, auch nicht annähernd. Ich glaube, ich bin immer noch auf der Suche nach einem solchen Mann. Mit einem anderen wär's hoffnungslos. Nur ein Mann wie er könnte den Makel von mir nehmen, das heißt, nur ihm könnte ich alles glauben, nur ihm könnte ich blind vertrauen, denn er würde mich nie bitten, mit ihm zu schlafen.«

Er stand auf, ging auf sie zu, blieb vor ihr stehen: »Du wirst eines Tages eine Entscheidung treffen müssen. Der ewige Zickzack führt dich ins Verderben. Mir ist es nicht gegeben, dich aus deinem Elend zu reißen, und ich bin zu beschäftigt. Alles, was ich für dich tun kann, ist, dir Luft zu verschaffen, damit du nicht den Mut verlierst, und finden kannst, was dir wirklich helfen kann. Ich sage es dir immer wieder: Du bist noch so jung, du hast überhaupt keinen Grund, am Leben zu verzweifeln, Anna, es liegt alles in deiner Hand.« Damit verließ er sie.

Hatte sie in ihrer aussichtslosen Hoffnung tatsächlich damit gerechnet, dass ihr Freund ihr helfen könne? Sie saß wie versteinert da. Hatte sie tatsächlich gedacht, er würde sie bei der Hand nehmen und sie aus ihrem Schlamassel retten? »Wozu reden? Das zieht mich nur noch mehr hinunter. Das habe ich nun davon! Was soll das heißen: eine Entscheidung treffen? Was denn? Warum? Ich weiß ja nicht einmal, warum ...«, schrie sie, »ich kann nicht vor und nicht zurück ... ich kann nicht einmal leben, ich werde verfolgt. Ich kenne mich nicht mehr aus, ich bin verrückt. Genau, ich bin verrückt! Und alle wissen es, und niemand will etwas für mich tun ... Ich werde ewig dahinhetzen ... Ich suche nach einem Wesen, das nicht existiert ... ›Die Zukunft liegt in meiner Hand‹? ... Mir sitzt aber meine Vergangenheit im Genick. Wie sollte ich die vergessen? Wie sollte ich vergessen, dass meine Mutter mich einen Hurenbankert nannte ... Was habe ich angestellt? Mein Gott«, schluchzte sie, »wie soll ich mit dieser Last leben: ›Entscheiden!‹? Gut, entscheide ich mich halt. Werde ich halt eine Hure, so sehr Hure, wie's nur geht, dann haben sie wenigstens einen Grund, mich zu schneiden.«

[»Barrières«, Kapitel 19, S.120–124.]

Bis dahin hat sie sich nur mit Männern eingelassen, die ihr keinen Widerwillen einflößten. Nun treibt sie es bis zum Äußersten. Aber beide Augen schließen zu müssen, um es über sich ergehen zu lassen, hinterlässt auf Dauer Spuren bei Anna. Dafür ist sie nicht gebaut. Hin- und hergerissen zwischen Anwandlungen, sich als »Schlampe« ziellos treiben zu lassen und dann wieder »moralische Tiefe« zu leben, und nach Nervenzusammenbrüchen gesundheitlich schwer angegriffen, findet Anna, nunmehr 28, Halt in der lange Zeit platonischen Beziehung zum jungen russischen Privatier Alexander (Kosename Maren). Sie kündigt am Theater, zieht zu ihm in sein spartanisches Atelier. Er päppelt die gesundheitlich schwer Angegriffene zunächst auf, um sie anschließend einer peniblen Erziehung zu »Harmonie« und »Resonanz« zu unterwerfen. Anfangs glücklich, weil »bedingungslos geliebt«, verzagt Anna mehr und mehr ob der endlosen, unerbittlichen, quälenden Vernehmungen.

Nur selten verläuft ein Gespräch so zufriedenstellend wie an diesem Tag. Sie sprechen über Annas unterdrückte verdrängte Sexualität, ein unerschöpfliches Thema mit zahlreichen Facetten. Anna nimmt regen Anteil. Sie will unbedingt Licht in dieses Dunkel bringen. Sie gibt sich große Mühe, die Fragen ehrlich und nach bestem Wissen und Gewissen zu beantworten. Wenn sie ins Stocken gerät, hilft Maren ihr verständnis- und liebevoll darüber hinweg, indem er ihr an seiner eigenen Person demonstriert, wie man falsche Scham überwindet, die sie immer wieder überwältigt. Nie liebt er sie so sehr, als wenn sie – ernsthaft und ganz bei der Sache – ihm dabei hilft, jene »Komplexe« ans Licht zu zerren, die tief in ihrem Unbewussten liegen. Er spürt, dass er kurz davor ist, zum Kern vorzudringen – der in die Zeit zurückreicht, an die Anna keine Erinnerungen hat, irgendwo zwischen ihrem zweiten und fünften Lebensjahr. Kurz, sie sind nicht weit von der endgültigen Klärung des Komplexes entfernt ... Da registriert er plötzlich, dass Anna überhaupt nicht mehr

bei der Sache ist. Sie ist so zerstreut, dass sie ihren Schluck-
impuls nicht mehr unterdrücken kann. Sie schluckt Luft,
während sie sich bemüht, aufmerksam zu wirken. Zeit fürs
Mittagessen. Sie ist hungrig.

Er sieht sie entgeistert an, fixiert sie mit seinem Zucht-
meisterblick. Allein, Anna kann sich von der Vorstellung
eines Brathuhns mit Häuptelsalat nicht mehr losreißen. Unmöglich, das Bild wegzuwischen. Das Wasser läuft ihr im
Mund zusammen, während sie Alexander unschuldig und
voll Reue anschaut.

»Was ist plötzlich in dich gefahren?!«

Eine völlig überflüssige Frage. Anna würde nie den Mut
haben, zuzugeben, dass sie hungrig ist. Daher sagt sie kleinlaut: »Nichts, Liebster.«

Und nun geht's richtig los.

»Wie ›nichts‹? Du bist auf einmal unkonzentriert. Wir
kommen gerade zum Kern der Sache, und du weigerst dich,
mir zu helfen! Du legst mir auf einmal Hindernisse in den
Weg! Versuch rasch, dich zu erinnern, was dir gerade durch
den Kopf gegangen ist. Ich bitte dich: Konzentrier dich, es
ist außerordentlich wichtig.«

Er fleht so inständig, als ob es um sein eigenes Leben ginge.

Sie würde gern antworten: »Lieber Alexander, es ist Mittag, und ich bin hungrig. Ich glaube nicht, dass die Erinnerungen an meine frühe Kindheit auch nur im Geringsten
mit dem Desinteresse an der Verdrängung meiner Sexualität zu tun haben. Ich werde von einem Brathuhn abgelenkt.
Ganz einfach: Ich will was essen, sofort essen, mit Genuss
und Wonne. Ist das so schwer zu verstehen?«

Genau das möchte sie sagen. Und was sagt sie wirklich?

»Ja, du hast recht, das ist es.«

»Was ist ›es‹?«

Nun steht sie im Eck. Sie hat die letzten Schritte seiner
Beweisführung wegen diesem verdammten Brathuhn nicht

mitbekommen und ist nicht auf dem Laufenden. Angestrengt versucht sie, sich zu erinnern, sie errötet, stottert ein paar unzusammenhängende Worte und zerfließt schließlich in Tränen.

Was nun geschieht, könnte sie Wort für Wort hersagen, denn es sind ewig dieselben Vorwürfe: Sie sei nicht gewillt, sich »wirklich und ernsthaft« zu befreien; sie zeige nicht den geringsten Willen zur »Harmonie«; so könne es nicht weitergehen, das müsse doch einmal in ihren Schädel hineingehen usw., usf.

Ergebnis: Sie vergisst ihr Brathuhn und ihren Häuptelsalat und findet sich zum x-ten Mal damit ab, dass sie »unrettbar verloren« ist.

So entsteht Streit, der, hundertfach variiert, in immer derselben Sackgasse endet. Anna, die entschlossen ist, den »Ethik-Berg« zu erklimmen, verliert nach und nach jegliche Zuversicht, kann die »dünne Luft der Höhen«, in die Alexander sie führen will, nicht mehr atmen und beneidet schließlich all die Menschen, die kein »Leben in Harmonie« führen.

Sie liest gern die »B. Z. am Mittag«, und zwar nicht den Politikteil, sondern das, was dort passiert, wo sie so lang gelebt hat, in der sogenannten »Szene«: Theaterklatsch, Reportagen, Skandale … Alexander dagegen empört sich über die »Niveaulosigkeit« dieses Blatts. Umgehend hört Anna auf, es zu kaufen, schielt aber bei jeder sich bietenden Gelegenheit über die Schulter eines zunächst Sitzenden hinein, im Restaurant, im Café, in der Straßenbahn. Alexander findet das aber noch schlimmer: Da kann man sie auch gleich selber kaufen! Anna gewöhnt es sich ab, in die Zeitungen anderer Leute zu lugen. Und so geht es bei tausend Dingen, die Anna »harm- und belanglos« findet – im Gegensatz zu Alexander, der in ihnen »die ganze Verkommenheit der heutigen Gesellschaft« sieht.

Anna lässt sich gutwillig alles gefallen, um die »reine Liebe« zu bewahren, die sie geistig so stark an diesen Mann bindet.

Es ist schwer zu sagen, ob Anna wirklich glaubte, dass es zwischen ihr und Alexander dauerhaft bei dieser rein geistigen Liebe bleiben werde. Jedenfalls hatte sie in den ersten zwei Monaten, die sie mit ihm im Atelier lebte, nicht ein einziges Mal den Wunsch, dass sich zwischen ihnen auch das Geringste ändert.

Alexander schrieb Annas Widerwillen gegen erotische Dinge keineswegs einer Abneigung gegen ihn persönlich zu, sondern jenen »Komplexen«, die er ihr mit aller Macht bewusst machen wollte, um sie davon zu befreien. Das war alles, worauf er hinarbeitete, er wandte seine ganze Energie daran. Annas Widerstand stellte jedoch langsam seine Geduld auf die Probe. Er begann zu zweifeln, fragte sich, ob das der richtige Weg für sie sei, ob er es nicht anders angehen solle. Die Zurückhaltung, die er sich ihr gegenüber schon so lang auferlegte, begann ihn zu beunruhigen, und mit der Zeit bekam die Unruhe die Oberhand. »Vielleicht sollte man es einmal ganz anders versuchen … An ihrer Liebe zweifle ich nicht, möglich, dass die körperliche Vereinigung sie für meine Bestrebungen empfänglicher macht.«

Anna gehorchte, aber sie reagierte nicht wie erwartet. Sie wäre nie fähig gewesen, ihn abzuwehren oder wegzustoßen, er hatte sie zu sehr eingeschüchtert. Aber sie blieb kalt in seinen Armen, ungerührt. In ihren weit aufgerissenen Augen konnte man deutlich Angst und Ablehnung lesen. Für sie war es eine Katastrophe.

Wie das? Dieser Mann, zu dem sie aufblickte, den sie wegen seiner so hohen, so hehren Ideen verehrte, der ihr Askese predigte, ein Heiliger beinah, dieser Mann war genau wie all die anderen, von denselben Trieben beherrscht!

Es schien ihr undenkbar, unmöglich. Bitter enttäuscht, war sie nahe dran, ihn vom Sockel zu stoßen. Aber Schüchternheit macht feig. Sie hatte sich mit solchem Eifer unter die Fuchtel dieses Mannes begeben, dass ihr Protest jetzt nicht einmal an die Oberfläche drang. Alexander war ein fanatischer Wahrheitssucher, aber es gibt Momente im Leben, da sich der lauterste Charakter an die Lüge klammert. Da er, und sei es aus reinem Selbsterhaltungstrieb, vom Weg der Wahrheit abkommt und eine Abkürzung über Zweifel und Vermutungen nimmt. Der Fall lag klar zu Tage, ließ keinen Raum für Zweifel. Anna war in die Idee ihrer Rettung verliebt und nicht in Alexander als Mann. Aber das wollte er nicht wahrhaben. Er sah in ihr nur die Frau, die in Fesseln verstrickt war, die sie nicht lösen konnte, so sehr sie sich auch bemühte. Da er weder an ihrer Liebe noch an ihrem lauteren und tiefgründigen Wesen zweifelte, schien ihm kein Opfer zu groß, sie zu erobern.

Aber Anna war nicht mehr dieselbe. Sie misstraute nun dem Träger der »Idee«, fand ihn nicht mehr so herausragend, ihr überlegen, sondern sah ihn mit der »menschlichsten aller Schwächen« behaftet, wie sie es nannte. »Was unterscheidet ihn von den anderen?«, dachte sie, ungerecht und bockig, stecken geblieben in einer Sackgasse, in der ihre Persönlichkeit zu ersticken drohte. Die Opfer, die sie gebracht hatte, um die »Reinheit der Harmonie« zu erlangen, waren nun völlig sinnlos. Warum leiden, wenn am Ende alles auf dasselbe hinausläuft wie in ihrem bisherigen Leben? Anna wurde wütend, aber der Respekt, den sie ihrem einstigen Idol bewahrt hatte, hielt sie immer noch davon ab, ihre Wut zu zeigen. Sie, die einst so wahrhaftig gegen die Lüge gekämpft hatte, bediente sich ihrer nun, um Alexanders wachsenden Ansprüchen zu entkommen. Denn er legte nun bei seiner Exploration von Annas Seele den Eifer eines Untersuchungsrichters an den Tag, der eine Beschuldigte in die Mangel nimmt. Doch Anna, die entschlossen war, nicht länger das Opfer eines entthronten Idols zu sein, wob ein so feines Lügengespinst, dass er sich schließlich darin verlor. Als er dahinterkam – denn Lügen haben kurze Beine –, führte er sich auf wie ein Verrückter. Niederträchtig sei sie, Punktum! Er wolle sich sofort von ihr trennen. Ihre Täuschungsmanöver seien so entsetzlich, dass sie ihm jeglichen Glauben, jegliches Vertrauen, das er in sie gesetzt habe, geraubt hätten. Hier begann nun das eigentliche Drama ihrer »Harmonie«.

Anna konnte ihn nicht verlassen. Ihren Selbstwert bezog sie von ihm. Er hielt ihr Selbstwertgefühl in seinen Händen wie der Marionettenspieler die Fäden seiner Puppen. Egal wie sehr sie innerlich gegen das ankämpfte, wozu er sie zwingen wollte, sie konnte nicht gegen das Geschick an, mit dem er in seiner fanatischen Offenheit für seine Idee kämpfte. Er stand mit ganzer Seele dahinter, eher wollte er sterben, als einen Kompromiss zu akzeptieren – zumindest dachte sie das. Was das betraf, musste Anna sich fügen. In Alexanders Augen wertlos zu sein erschien ihr unerträglich. […] Sie war zu jedem Opfer bereit, um für ihn wieder den Stellenwert zu erlangen, den sie gerade verloren hatte. So unterwarf sie sich und tat sich Gewalt an, bis sie sich einigermaßen sicher sein konnte, dass sie sein Vertrauen wiederhatte. Aber sie litt Qualen unter dem Zwang, den sie sich auferlegte. Nach vor konnte sie nicht, dafür war ihr Vertrauen zu heftig erschüttert worden. Zurück konnte sie auch nicht, denn sie hatte sich so in ihren Fesseln verheddert, dass sie diese nicht mehr lösen konnte. Unter all den Auswegen, die sie aus dieser unerträglichen Situation suchte, litt Alexander wie ein Hund, sodass Anna sich ihm schließlich reuig zu Füßen warf.

Er wollte sich nun nicht mehr trennen. Seine Begierde zwang ihn zum Bleiben. Allerdings war er mit seiner ganzen Psychologie auf verlorenem Posten, weil er den Abgrund

nicht sehen wollte, in den sie ihn führte. Sie hatte einen Weg
gefunden, wie sie nicht länger von ihm abhängig war: indem
sie ihn von sich abhängig machte. Moralisch war er unbe-
stechlich, auf diesem Terrain konnte sie nicht gegen ihn an.
Er hatte nur eine Schwäche, wo sie ihn kriegen konnte und
in der Hand hatte. Sie spielte dieses Spiel so geschickt, dass
er ihr ins Garn ging. Denn er war ein Mann. Der erotische
Rausch, in den sie ihn stürzte, machte ihn blind. Und da er
nicht darum bitten musste, weil sie sich aus freien Stücken
und mit dem heißen Anschein der geteilten Lust hingab,
hatte er nur eine Erklärung dafür: dass ihre Analyse erfolg-
reich gewesen war und er auf voller Linie gesiegt hatte ...

Den kalten, lauernden Blick hinter Annas halbgeschlos-
senen Augenlidern konnte er nicht sehen. Während sie eine
Vortäuschung von Lust an die andere reihte, wartete sie
darauf, dass das Maß voll war und er in ihrer Achtung so
weit gesunken war, dass sie sich schließlich von ihm trennen
konnte.

[»Barrières«, Kapitel 30, S. 164–168.]

Anna versucht aus der Enge der »therapeutischen Beziehung« mit
ihren vivisektorischen Gesprächen über ihre verdrängte Sexualität,
ihre Komplexe und Minderwertigkeitsgefühle auszubrechen. Sie geht
fremd ...

»Es ist schrecklich gemein, was ich tue. Warum räche ich
mich? Weil er mich liebt. Habe ich nicht alles getan, was ich
konnte, um ihn in den Dreck zu ziehen, weil ich es nicht auf
sein Niveau hinauf schaffte? Bin ich wirklich so ein Luder?«,
fragt sie sich bestürzt, klopfenden Herzens. »So ein unglaubliches Luder? Ist das der Dank für seine Liebe?«

Zurück zu ihm? Sie lässt den ungleichen Kampf, den sie
führten, Revue passieren, das unendliche Leid, das sie ertrug, die freudlose Atmosphäre, in der sie lebte. »Nein, zu-

rückgehen kommt nicht in Frage. Was tun? Wird das denn ewig so gehen? Werde ich ihn nie vergessen können? Habe ich so einen wie ihn nicht mein ganzes Leben lang herbeigesehnt? Warum ist er so maßlos? Warum lässt er mich nicht leben neben sich? Er ist ungerecht. Bin ich unrettbar verloren? Wie leben? Ich kann doch nicht dauernd im Staub kriechen und dabei in ihm mein Ideal verehren!«

[»Barrières«, Kapitel 31, S. 170.]

... und fügt sich wieder in seine strenge Kammer, nachdem er ihr, sie in die Enge treibend, beinah auf die Schliche gekommen ist.

Sie schweigt, sucht nach einer Rettungsplanke, kann aber ihre Gedanken nicht ordnen. Hilflos hält sie einen Augenblick inne. Plötzlich hat sie eine Eingebung, so klar und deutlich, dass für nichts anderes mehr Platz ist in ihrem Kopf: »Würde er mich lieben, müsste er jetzt vor Mitleid mit mir vergehen. Aber er quält mich, und er wird mich zu Tode quälen, und diese Quälerei wird niemals aufhören.« Und als wäre sie allein im Raum, zieht sie sich schweigend an, nimmt Hut und Mantel und verlässt das Atelier. […]

»Und wenn ich ihm alles zugegeben hätte?« – Sie sieht sich mit ihm an dem großen Tisch im Atelier sitzen und verfolgt dieses imaginäre Gespräch, als würde sie einen Film sehen, in dem sie beide spielen. Sie weiß im Vorhinein, wie es enden wird: Unfähig, seinen psychoanalytischen Erklärungen zu folgen, vor Müdigkeit und Erschöpfung am Ende, wird sie sich in eine neue Lüge flüchten, um seine Quälereien abzustellen und ihren Frieden zu haben.

[»Barrières«, Kapitel 32, S. 175–176.]

Sie weiß nicht mehr ein noch aus. Zwei Tage und drei Nächte dauert das nächste Gespräch, abgesehen von ein paar Stunden Schlaf und ein paar Minuten, um hastig etwas zu essen und zu trinken.

Eine Folter. Die Spannungen werden durch die Übersiedlung von *Alexanders Mutter nach Berlin nicht eben gemindert. Die Lage spitzt sich zu, als auch noch eine ehemalige Lebensgefährtin Alexanders, die junge Malerin Lena, aus Petersburg anreist – mit einem Koffer voll Geld – und ins Extrazimmer des gemeinsam bewohnten Ateliers einzieht. Sie entspannt sich kurzzeitig, als Lena zu Alexanders Mutter umzieht. Anna, die zum Theater zurückgegangen ist, um ein Stück Unabhängigkeit zu gewinnen und wieder auf eigenen Beinen zu stehen, bezieht das Extrazimmer, um dort in Ruhe ihre Rollen studieren zu können. Was ein neuer Logiergast aus Russland, Aljoscha, ein Freund Alexanders, im Gepäck hat, gefährdet den prekären Hausfrieden mehr als Lenas Geld: Kokain. Schwankend zwischen panischer Angst und überwältigendem Verlangen, gibt Anna der Versuchung schließlich nach. Die andren drei trauen ihren Augen und Ohren kaum: Anna zieht das Gespräch an sich. Sie spricht mit nicht gekannter grandioser Souveränität, und das stundenlang. Alexander beobachtet eine unglaubliche Leichtigkeit, die ihn erfasst:* »Es ist, als würde man über eine Mauer drübersehen, die einem bisher die Sicht versperrt hat« *[Barrières, Kapitel 39, S. 203]. Anna hat zwar nach dem Aufwachen am nächsten Vormittag nicht die Entzugserscheinungen, mit denen sie schmerzlich vertraut ist, aber sie ist gehetzt, hochgradig unruhig. Mit Ach und Krach bringt sie die Elf-Uhr-Probe hinter sich und schwört dem Kokain wieder ab – vorerst.*

In Berlin lebt Bibiana Amon eine Zeit lang mit dem russischstämmigen Künstler Eduard Schiemann zusammen, der seinen Unterhalt hauptsächlich mit Übersetzungsarbeiten bestreitet. Elena Liessner, die, im Mai 1921 aus Moskau zuziehend, die häusliche Gemeinschaft zur Ménage à trois ergänzt, schildert in ihren Erinnerungen die Umstände: »Natürlich hatte Schiemann inzwischen eine neue Freundin. Sie hieß Bibiana Amon. Er schnupfte Kokain und hatte kein Geld. Es war der Beginn der Inflation. Ich brachte zehntausend Mark

117

mit, die nach Schimmel rochen, weil meine Mutter sie in einer Blechbüchse vergraben hatte. Diese zehntausend Mark legte ich in Schiemanns Atelier, Kaiserallee 64, auf den Tisch – und wir lebten zu dritt bei nicht enden wollenden psychoanalytischen Gesprächen, mit nicht enden wollenden Konflikten. Aber wir lebten – und ich lernte, nicht nur alle psychoanalytischen Begriffe wie ›ich assoziiere‹ – das wurde bei uns zur stehenden Redensart. Ich sehe mich noch, als wenn es heute wäre, zum ersten Mal im Romanischen Café. Ich hatte mir bei Rochlitz, dem bekannten Sportgeschäft in der Joachimsthaler Straße, ein Paar Tennisschuhe gekauft und saß nun mit diesen weißen Schuhen und einem nicht ganz dazu passenden Kleid, eine Art Dirndl, das ich aus Moskau mitgebracht hatte, im Café. Mein Deutsch reichte kaum für das Notwendigste, und ich saß still am Tisch, frisch importiert aus dem revolutionären Moskau, und Bibiana erzählte allen: ›Das ist das Mädchen, das zu Schiemann aus Moskau gekommen ist.‹ Die meisten jungen Journalisten, Schauspieler und Künstler, die alle eine Clique bildeten, wußten mit mir nichts Rechtes anzufangen. Der Schauspieler Loos meinte, ich wirke ländlich. Die Szene hatte zu Hause noch ein dramatisches Nachspiel, weil Schiemann Bibiana beschimpfte und es gemein fand, wie sie meine Unschuld mißbraucht hatte. [...] Das Zusammenleben in Schiemanns Atelier war eine einzige Verstrickung, und ich sah keinen Ausweg. Bis eines Tages Schiemanns Mutter aus München kam. Es war wohl ein besonderer Glücksfall, wie es ihn manchmal im Leben gibt. [...] Sie nahm mich mit nach München.«[86]

Zu viert auf dem Weg ins Kino – Anna, Alexander, Aljoscha, Lena –, eskalieren die mühsam im Zaum gehaltenen Spannungen. Anna macht Alexander gegenüber ihrer Wut auf Lena Luft. Der findet sie stutenbissig, attestiert ihr die Allüren einer »Vorstadt-Primadonna«.

Nachdem sie [Lena und Aljoscha] abserviert hatte, war sie wütend gegangen, aufgewühlt: »Sollen sich doch alle zum Teufel scheren!«, dachte sie. »Nicht zu fassen! Einen anderen Ton will er. Na, den kann er haben! Die werden schön schauen bei dem neuen Ton, den ich anschlagen werde! Ich hätte Lena alles sagen sollen, was mir am Arsch geht. Der hätte ich so heimgeigen sollen, dass sie's ihr Leben lang nicht vergisst. ›Vorstadt-Primadonna‹! Das verzeih' ich ihm nie. Dieses Arschloch wagt es, mich anzupissen! Und das vor diesen zwei Vollidioten! Ich bin doch wirklich *zu* blöd!« Sie rennt ein paar Schritte, damit die anderen sie nicht einholen können. Dann legt sich ihre Aufregung, ihr Zorn, für den sie sich ein wenig schämt, ebbt ab und lässt sie wieder klarer denken. »Vielleicht ist es gar nicht das Schlechteste, dass es so gelaufen ist? Ich hätte nie den Mut gehabt, Schluss zu machen. Jetzt ist es aus, finito! Sie können mit mir nicht mehr machen, was sie wollen. Mir reicht's.« Sie erinnert sich an das Kokain und atmet durch. »Ich bin noch einmal davongekommen, Gott sei Dank, wer weiß, ob ich mich hätte zurückhalten können. Wahrscheinlich nicht. Ich Glückspilz.« Sie hängt nicht mehr in der Luft, hat wieder ein Engagement und keinen Grund zu verzweifeln. Sie wird nur mehr ihre Arbeit im Auge haben, ihre Karriere.

Sie erreicht das Café des Westens, lässt sich Papier geben und schreibt in einem Zug:

»Lieber Alexander, Du hast mir oft gesagt, dass man die Freiheit jedes Einzelnen respektieren müsse, daran möchte ich Dich erinnern. Ich kann unmöglich zurückkommen, das heißt, mit euch leben. Ein Gespräch darüber wäre völlig sinnlos, denn ich bin fest entschlossen, allein zu leben. Ich bitte euch, Dich und Lena, dringend, nichts zu unternehmen, es wäre zwecklos. Ich hoffe, dass ich weiterhin im kleinen Atelier wohnen kann und dass ihr mir keine Schwierigkeiten bereitet. Ich schreibe Dir diese Zeilen, weil ich schätze, es wäre schlechter Stil, wenn ich Dich im Ungewissen lassen würde. Ich bin auf niemanden sauer und hoffe das Gleiche von eurer Seite.«

[»Barrières«, Kapitel 42, S. 215.]

Während Anna mit Theaterkabalen beschäftigt ist und in der spielfreien Zeit Übersetzungen, die Alexander – mit dem sie sich ausgesöhnt und arrangiert hat – im Auftrag eines Verlegers anfertigt, in die Maschine tippt, neuerlich Zuzug aus Russland: Natascha. Die unbeschwerte, charmante junge Frau nimmt von einem Tag auf den anderen Annas Platz ein, zunächst den der Sekretärin. Anna rast vor Eifersucht. In einer Aussprache sagt Alexander ihr auf den Kopf zu, dass nicht Liebe sie zu ihm zurückgeführt habe, sondern einzig und allein ihre panische Angst vor dem Alleinsein. Im Grunde sei sie immer nur auf der Suche nach väterlicher Obhut. Ihr größtes Glück wäre es, wenn ein älterer Mann, der nichts von ihr wolle, sie zur Adoptivtochter nehme. Weil sie sich selber als wertlos empfinde, sei es ihr unmöglich, jemand zu schätzen, der sie liebt. Das wisse sie ganz genau. Als Freund werde er immer für sie da sein, aber ihre intime Beziehung müsse aufhören. – Anna widerspricht kleinmütig: Ausgerechnet jetzt, da sie sich entschieden habe, ohne Wenn und Aber mit ihm zu leben? Obwohl sie sich eingestehen muss, dass er in allem, was er über sie gesagt, recht hat, ist sie nicht fähig, sich von ihm zu trennen. Sie kann und will ohne seine Liebe nicht leben. Immerhin verlangt Alexander nicht, dass sie sofort auszieht, er besteht aber auf einer physischen Trennung, darauf, dass sie einander emotional nicht mehr rechenschaftspflichtig sind. Anna atmet auf, will Zeit gewinnen. Sie zweifelt keinen Moment dran, dass es ihm mit seinem Entschluss Ernst ist, aber genauso wenig zweifelt sie daran, dass sie ihn dazu bringen kann, seine Haltung zu revidieren.

Anna bleibt also zunächst bei Alexander im Atelier wohnen, das inzwischen, tagaus, tagein, Treffpunkt junger Leute aus der russischen Kolonie Berlins ist, die alle unter »Verdrängungen« und »Komplexen« leiden, von denen sie »befreit« werden wollen. Anna

120

hat alle Hände voll zu tun, in einer Tour den Wasserkessel zu füllen und ihn aufs Feuer zu stellen, denn es werden Unmengen Tee getrunken. Wenn sie alle um den Tisch herum sieht, rauchend, Tee trinkend, Alexanders Anschauungen aufsaugend, jeder sein »Stichwort« erwartend, erinnert sie das an den Stammtisch in Wien. Dasselbe von Kokain beflügelte Gequatsche über Individualismus, Gott, verdrängte Sexualität, Vater- und Mutterkomplex, Inzest ..., dieselbe Begeisterung auf den strahlenden Gesichtern, dieselben hinterrücks verübten Schäbigkeiten. Hasserfüllt beobachtet Anna das Treiben, als wohne sie einer Kinovorstellung bei. Und sie möchte am liebsten schreien vor Eifersucht, wenn Alexander Stunden um Stunden drüben bei Natascha verbringt, die das Extrazimmer auf der anderen Seite des Gangs bezogen hat. Da ist sie nahe dran, die Tür einzutreten. Aber der Angst, Alexander zu verlieren, ordnet sie alles unter. Selbst als er sie ersucht, ins Extrazimmer zu übersiedeln, damit er mit Natascha im Atelier leben kann, fügt sie sich.

Natascha klopft eines Vormittags bei Anna an. Sie ist besorgt, sucht ein klärendes Gespräch: Warum Anna ihr seit Wochen aus dem Weg gehe? – Anna, übernächtig, die Theaterschminke noch im Gesicht, auf Entzug.

»Ich geh' Ihnen nicht aus dem Weg ... Ich ... Ich war immer unterwegs ... Und ...« Sie stockt. Plötzlich fährt sie auf, hasserfüllt: »Ich will *ihn* nicht mehr sehen, ich will *Sie* nicht mehr sehen. Auf sein Mitleid bin ich nicht scharf, auf Ihres auch nicht. Lassen Sie mich in Ruhe, das ist alles, was ich will.« – »Sie sind ungerecht, Anna, Alexander meint es gut. Sie können mir glauben, dass ...« – »Vielen Dank auch, seine Mühe kann er sich sparen, dieser Verräter, der in mir nie etwas anderes als ein Versuchskaninchen für seine Theorien gesehen hat. Ich wüsste nicht, worauf er stolz sein könnte. Jeder Idiot kann mich genauso ›haben‹ wie er. Das bisschen Zuneigung, mit dem er mich hätte retten können, ist mehr wert als sein ganzes Hirn. Soll ich ihm etwa dafür dankbar sein, dass er meine Seele wie ein Maulwurf um- und umgegraben hat, ohne sich darum zu scheren, dass es mir vielleicht wehtun könnte, wenn er mir bei lebendigem Leib die Haut abzieht? Mein Lebtag werde ich nicht vergessen, wie meine Unterwürfigkeit und meine Hingabe sein Hirn zu immer neuen Experimenten angestachelt haben, wie der geringste Widerstand meinerseits ihn dazu veranlasst hat, mich anzuherrschen, mich zu zernichten. […] Er ist der einzige Mann, der mich je missbraucht hat, der einzige, der mich je wissentlich verletzt hat.«

[»Barrières«, Kapitel 57, S. 272–273.]

Anna verzweifelt. Sie hat keinen Knopf Geld, ist durch Kokain körperlich so herabgekommen, dass sie unter Herzbeklemmungen mehrmals zusammenbricht, und geistig so zerrüttet, dass sie in x-fach gespielten Rollen Hänger hat – und dann noch diese endlosen Gespräche zu zweit, zu dritt. Sie ist es leid, die Dinge wieder und wieder durchzukauen. Alexander will den Vorwurf, er habe sie verraten und im Stich gelassen, nicht auf sich sitzen lassen, schließlich sei sie es ja gewesen, die mehrmals weggelaufen sei. – Anna, verbittert über die Selbstgerechtigkeit und den herablassenden Ton Alexanders:

»Ich bin weggelaufen, weil ich deine Gewissheiten und deine Überlegenheit nicht mehr ausgehalten habe. Ich habe *mir* mehr weh getan, als ich dir jemals hätte weh tun können. Das weißt du ganz genau. Wenn wir von Verrat sprechen, dann habe nicht ich dich verraten, sondern du mich. Du hast ja keine Ahnung, was es heißt, bei lebendigem Leib seziert zu werden!«

[»Barrières«, Kapitel 65, S. 311.]

Anna erinnert Alexander an einen Vorfall und stellt ihm damit zum einen seine maßlosen Forderungen, zum anderen seinen zynischen Umgang mit ihr vor Augen.

»Wir haben damals viel gearbeitet, fast immer bis zum Morgengrauen. Da hast du einmal, als wir fertig waren, unvermittelt von Heirat gesprochen. Ich weiß es noch, als wär's heute passiert: Mir hat's vor Glück die Rede verschlagen. Niemand kann nachempfinden, was ich gefühlt habe – aber du, du hast es verstanden. Du hast sogar gelacht und gesagt: ›Ach du, dir geht es doch nur ums Heiraten. Du würdest auch einen Rauchfangkehrer heiraten, Hauptsache, du wirst damit eine rechtmäßige Ehefrau.‹ Zwei Tage darauf, nach einer unserer Streitereien, in der ich wieder einmal meine Schwächen nicht eingestehen wollte, sagst du mir – und das hat mich zutiefst verletzt –: ›Ich wäre ja verrückt, wenn ich dich heiraten würde. Die Ehe würde dich nur korrumpieren. Du würdest dich von einem Tag auf den andern gehenlassen und die Resonanz zwischen uns in widerwärtige Kleinbürgerroutinen verwandeln ...‹ Heute, Alexander, heute erst ist mir klar, dass jemand, der auch nur einen Funken Zuneigung für mich empfunden hätte, so etwas nie über die Lippen gebracht hätte. [...] Bei der ganzen Sache hast du nur eins vergessen: Für mich ging's nicht um irgendeine Theorie, sondern um ein Leben voller Qualen, dem ich zu entkommen versuchte, weil ich vor Verzweiflung weder aus noch ein wusste und nicht den Mut hatte, mich selbst zu zerstören ... Und dann war da auch noch die winzige Hoffnung, dass sich das Leben trotz allem noch als erfreulicher erweisen könnte und mir ein wenig gönnen könnte, was es mir bis dahin verweigert hatte.« – »Deine Vorwürfe sind absurd. Ich habe nie ein Geheimnis daraus gemacht, dass meine Vorstellung von Harmonie zwischen Mann und Frau nicht die von zwei Turteltauben ist, sondern dass ich sie als entschiedenes Ringen um die Befreiung des Selbst betrachte. Nur unter dieser Bedingung kann man eine lebendige Resonanz erlangen und nicht im bürgerlichen Sumpf versinken. Ich sage es noch einmal: Was du anstrebst, hat nichts mit meiner Vorstellung von Entwicklung zu tun. Im Gegenteil, du gehst dem Ringen aus dem Weg, zwingst stattdessen andere, klein beizugeben. Und das ist das Letzte, was ich ertrage.« – »Was? Ich gehe dem Ringen aus dem Weg!? Willst du etwa behaupten, dass wir wie zwei Turteltauben zusammengelebt haben? Ich glaub', ich spinne!« – »Entschuldige: Wenn es nach dir gegangen wäre, hätten wir wie zwei Schwalben auf einem Telegrafendraht gelebt. Und ich gebe zu, dass ich bei dir resigniert habe ... Ich musste zur Kenntnis nehmen, dass man Entwicklung nicht erzwingen kann ... dass eine Person, die bürgerliches Niveau noch nicht einmal erreicht hat, erst recht nicht darüber hinausdringen kann. Es ist eine Stufe, die man nicht überspringen kann, oder besser eine Befindlichkeit, in der man gelebt haben muss, um darüber hinausgelangen zu können. Und wenn es mir nicht gegeben war, dein Selbstwertgefühl zu stärken, heißt das noch lange nicht, dass ich dich abgewertet habe. Die Festigung des Selbstwerts hängt von anderen Fähigkeiten ab, vor allem von einem selbst. Auf lange Sicht wäre es also auf eine Art Vergewaltigung hinausgelaufen. Als mir das klar wurde, habe ich dem ein Ende gesetzt, und niemand kann mir daraus einen Vorwurf machen. Ich wollte dich nicht deswegen nicht heiraten, weil ich mich für etwas Besseres hielt, sondern weil ich mir sicher war, dass es deine Entwicklung behindert hätte ... Du bist nur allzu bereit, dich dem Leben nicht zu stellen. Ich dagegen finde, es ist immer noch besser, auf offenem Meer in einem Kampf zu versinken, als im dreckigen, öligen Wasser eines Hafens zu ersaufen.«

· Das Blut schießt Anna in den Kopf. Sie ist drauf und dran, sich auf Alexander zu stürzen und auf ihn einzuprügeln. Mit wutverzerrter Stimme schreit sie ihn an: »Es reicht! ... Halt dein Maul! ... Es ist einfach gemein, niederträchtig! Du wagst es, vom offenen Meer zu sprechen, ausgerechnet du! Ich wünsch' Dir, dass die Wellen einmal ordentlich über deinem Kopf zusammenschlagen, damit in deinem Hirn einmal eine menschliche Regung entsteht! Damit du am eigenen Leib spürst, was es heißt, wenn einem das Wasser bis zum Mund steht, was es heißt, durch hohle Phrasen ›gerettet‹ zu werden! Du hast es nötig, mir eine Predigt über das Ringen auf offenem Meer zu halten, du, der du hinter tausend Schutzmauern lebst und der Krämpfe bekommt, wenn man es wagt, nicht deiner Meinung zu sein ... Du bist ein Trickser, der anderen in die Karten schaut, damit er seine Trümpfe umso sicherer ausspielen kann ... ›Harmonie‹! Wenn ich dieses Wort höre, dreht sich mir der Magen um. Phrasen! Friss, Vogel, und stirb!« Bebend vor Wut geht sie aus dem Zimmer und wirft die Tür hinter sich mit solchem Schwung zu, dass die Fenster klirren.

[»Barrières«, Kapitel 65, S. 312–314.]

Zufällig trifft Anna im Kaffeehaus ihre einzige Freundin aus Kindertagen, Paula Scharitzer. Früher ist ihr Paula bei Streitereien mit anderen Kindern immer beigestanden. Die Unterhaltung weckt Erinnerungen bei Anna.

»Früher, was wusste ich da schon vom Leben? ... Nichts. Weiß ich jetzt mehr? ... Nein, aber früher war ich anders. Wenn ich beim Breuer, diesem alten Dreckskerl, der mich immer betatschen wollte, etwas geholt habe – ja, da hat das mit meiner Angst angefangen, dieser Alte, ein richtiges Schwein, war hinter Kindern her ... Wie hat mir vor seinen Händen gegraust! Unbeschreiblich. Wie kommt Alexander dazu, mir einreden zu wollen, dass es nicht Ekel, sondern verdrängtes Begehren war? Ich könnte schreien vor so viel Unfug! ... Wie grauslich! Mir läuft es heute noch kalt den Rücken runter. Ich stehe da, vor der Budel, bebend, er schleicht sich geifernd näher ... Immer wollte er einem ein Zuckerl aufdrängen. Mit Mariandel hat er dasselbe getan. Ob der

Angst hatte, dass wir was sagen? Von wegen! Nie im Leben hätte ich mich getraut, darüber zu sprechen. Eher wäre ich gestorben! Beim Pointner hatte ich nur Angst, aber keinen Ekel. Der war so komisch. Er wollte einen immer fangen, und wenn er einen erwischt hat, hat er einen ganz fest gedrückt. Er sah so lustig aus, verdrehte die Augen, das war wirklich spaßig. Wie hat der mich zum Lachen gebracht! Ich habe mich immer von ihm erwischen lassen, um zu sehen, wie er seine Augen verdreht und wie ein Nilpferd geschnaubt hat. Und da behauptet Alexander, dass ich seine Empfindungen geteilt habe, ja dass ich es sogar darauf angelegt habe! So was von daneben! Wenn du solche Dinge einmal glaubst, bist du schon erledigt. Ich schwör', es ging nur darum, sich vor Lachen zu zerkugeln. Was werden Psychiater bloß wieder hineingeheimnissen? Die Psychoanalyse macht sie alle gaga, sie rühren alles zusammen und – hopp – schlucken alles zusammen runter. Deshalb versteht man's einfach nicht, auch wenn man sich noch so sehr bemüht. Aber mit dem Pointner hat es Spaß gemacht, den würd' ich gern wiedersehen. Und wenn ich sofort aufbreche, wenn ich zu Hause vorbeischaue? In der Stadt wird mich niemand wiedererkennen. Paula hat mich allerdings auf Anhieb erkannt. Ich fahre also nach Salzburg, und eines Abends nehme ich den Zug nach Hause. Und die Becker-Kinder aus dem Schreibwarengeschäft? Heute sind sie Männer, Franz Ortner auch. Seine Mutter war ziemlich eifersüchtig auf meine ... Heute weiß ich, warum. Franzels Vater war ja oft bei uns, aber die Ortnerin konnte sich nie sicher sein, obwohl sie aufgepasst hat wie ein Haftelmacher. ... Heute ist mir klar, warum er gekommen ist. Meine Güte, wie dumm man als Kind ist! Und dann haben die Leute ja auch überhaupt kein Gespür und kein Verständnis für diese Unschuld. Unbeschreiblich, wie naiv ich war! Alexander sagt, ich sei verklemmt gewesen. Am Ende läuft's auf dasselbe hinaus, das ist doch alles nur ein schlechter Witz. Ich habe an diese Sachen nie auch nur im Entferntesten gedacht. Die waren ja viel gerissener als ich und wussten genau Bescheid. Ich glaub', ich war schon damals nicht ganz normal ... Das wird es sein. Diese Dinge waren mir so fremd, dass ich nicht einmal an sie denken konnte.«

[»Barrières«, Kapitel 68, S. 328–329.]

Anna zieht einen Schlussstrich. Bevor sie abreist, bilanziert sie ihre zweieinhalb Jahre mit Alexander in einem langen, freundschaftlichen Gespräch mit Natascha.

»Natascha, ich weiß, nur wenige Menschen würden verstehen, wovon ich spreche, und viele würden wahrscheinlich sagen: ›Eine arme Verrückte, die man einliefern sollte! Wenn sie sich in solche Geschichten verstricken lässt, dann muss sie ja verrückt sein.‹ Ich weiß schon, aber Ihnen brauche ich es nicht zu erklären. Sagen Sie mir offen und ehrlich: Wären diese Dinge möglich gewesen, wenn Alexander mich auch nur ein klein wenig geliebt hätte? Ich meine, rein menschlich geliebt. Wenn er sich nicht vor Eitelkeit und Selbstgefälligkeit verzehrt hätte? Wie kommt es, dass er nicht und nicht einsehen will, dass man keiner Seele Gewalt antun darf? Er, der behauptet, er sei von dem Drang besessen, die Menschen zu befreien, er, der ständig das Individuum in den Vordergrund stellt, er ist der egoistischste Mensch, den ich kenne. So sehr, dass er völlig aus dem Häuschen gerät, sobald er auf eine Spur von Eigensinn trifft. Wie kann man so von seiner Unfehlbarkeit eingenommen sein, dass […] man nicht nur nicht zulässt, dass ein anderer seine eigenen Essens- und Schlafenszeiten hat, sondern ihm daraus einen Strick dreht und ihm sein Schlafbedürfnis und seinen Hunger als Minderwertigkeit vorwirft? Geht das alles mit einem Ringen um moralische Befreiung zusammen? Mit dem Streben, in Harmonie zu leben? Mir scheint vielmehr, dass nur ein widerliches Machtstreben derartige Auswüchse zeitigen kann.

Mir ist erst jetzt klar, dass die Psychoanalyse bei der innersten Resonanz nichts ausrichten kann. Selbst in den engsten und harmonischsten Beziehungen zwischen Mann und Frau bleibt notgedrungen ein gewisser Selbstbehauptungswille bestehen, der eine völlige gegenseitige Durchdringung von vornherein verhindert. Und der springende Punkt ist: Wer ist sich schon seiner selbst so sicher, dass er seinem Partner alle Fehler und Schwächen gesteht, ohne dass er sich ängstigen würde, ihn dann zu verlieren? Vor allem, wenn das Ganze einseitig ist. Wer würde da am Ende nicht ins Wanken geraten? Es sind nicht ihre Vorzüge, die Liebende aneinanderbinden, sondern ihre Schwächen, und das ist viel menschlicher so.«

[»Barrières«, Kapitel 69, S. 336–337.]

Der Zug geht abends um acht Uhr fünfundvierzig. Um sieben Uhr sitzt Anna bereits im Warteraum der ersten Klasse, neben sich ihre Koffer. Sie bestellt etwas vom Buffet, und während sie isst, fällt ihr ein, sie hätte besser ihr Geld in eine kleine Tasche eingenäht und sich um den Hals gehängt. Gibt es vielleicht in der Nähe ein Geschäft, das solche Täschchen führt? »Aber was mach' ich derweil mit meinen Koffern? Nein, zu kompliziert. Ich werde meine Handtasche unter mein Reisekissen legen. Hätte ich doch einen Liegewagen genommen!«

Sie ist das Reisen nicht gewohnt und sehr aufgeregt. Ständig zählt sie ihre Gepäckstücke: Hutschachtel, Necessaire, Regenschirm, Handtasche, Handschuhe, zwei Koffer, sieben Sachen insgesamt. Die Zeit will nicht vergehen. Sie bestellt noch einen Kaffee, liest zerstreut in einer Zeitung, und als sie erneut auf die Uhr schaut, ist es erst Viertel vor acht. Eine Stunde noch. Es ist immer noch etwas Kokain in der Dose. Vorsichtig schaut sie sich um, schüttet eine Prise auf ihren Handrücken und schnupft sie, während sie sich mit der anderen Hand die Zeitung vors Gesicht hält. Nervös steckt sie ihre Hand in die Manteltasche. Sie ertastet das Glasröhrchen mit den Veronaltabletten. »Gott sei Dank, alles da. So ein Schreck ... Wie mein Herz klopft!«

[…] »In dem Zustand wär' ich besser nicht auf Reisen gegangen. Was erhoffe ich mir eigentlich davon?« […]

Im Abteil, noch bevor sie Platz nimmt, schnupft sie ein letztes Mal Kokain und wirft die leere Dose auf die Gleise. Dann nimmt sie das Kissen aus dem Necessaire, zieht die Schuhe aus und die Hausschuhe an. Noch bevor sie es sich gemütlich gemacht und sich hingelegt hat, fährt der Zug bereits über freies Feld.

»Veronal nehm' ich erst später«, überlegt sie, »ich muss noch über ein paar Dinge nachdenken. Soll ich zu meiner Tante oder doch besser in ein Hotel gehen?« Nach etwa einer Stunde lässt die Wirkung des Kokains nach. Sie holt wieder ihr Necessaire aus dem Gepäcknetz, nimmt einen kleinen roten Becher heraus, dann ein Veronal aus dem Röhrchen und gibt das Röhrchen wieder in die Manteltasche. Dann holt sie ihre Handtasche unter dem Kissen hervor. Ihre Hände zittern bereits. Sie schnäuzt sich und verstaut ihre Tasche hinter dem Necessaire. Mit dem Becher, dem Veronal, der Seife und einem Handtuch verschwindet sie den Gang hinunter in Richtung Toilette. Beim Durchqueren des Wagons schaut sie in die anderen Abteile. In dem nebenan sitzt ein einzelner Mann. Im nächsten zwei Frauen und ein Kind, das auf einer Sitzbank schläft. Die WCs der zweiten Klasse sind besetzt. Sie geht in den Erste-Klasse-Wagon und schließt hinter sich ab.

Der Mann im Nachbarabteil sieht eine Frau mit einem Handtuch über dem Arm vorbeigehen. Kurz darauf steht er auf, geht auf den Gang, wartet einen Moment, betritt Annas Abteil. Rasch sieht er sich um, schiebt das Necessaire weg und findet die Handtasche. Keine Minute später sitzt er schon wieder in seinem Abteil, nimmt das Geld aus der Handtasche, öffnet das Abteilfenster einen Spaltbreit und wirft die Tasche mit Schwung in die Nacht.

Als Anna zurückkommt, sitzt er wieder genauso da wie vorhin. Sie schließt das Necessaire, verhängt das Licht und versinkt rasch in einen tiefen Schlaf.

[»Barrières«, Kapitel 71, S. 341–343.]

Als Anna den Diebstahl frühmorgens, kurz nach dem Aufwachen, bemerkt, bricht sie in Panik aus: »»Wann? Gestern Abend? Heute Morgen? Mein Reisepass! Mein Geld!«« Als sie die hektische Suche im Abteil verzweifelt aufgeben will, kommt gerade der Schaffner vorbei. Anna stürzt auf ihn zu. Ein unartikuliertes Stammeln. Ihre Stimme versagt.

Der Schaffner blickt in ihre weit aufgerissenen Augen. Als er keine Antwort erhält und Anna ihn weiter anstarrt, dämmert ihm, dass etwas nicht stimmt. Er nimmt Anna am Arm und führt sie in ihr Abteil. »Wir sind gleich an der Grenze«, sagt er. Mit Blick auf Annas übers ganze Abteil verstreute Sachen: »Haben Sie etwas verloren? Ihre Fahrkarte?« Noch einmal ringt sie um Worte. Brüsk schüttelt sie den Kopf, vergräbt ihr Gesicht in ihren Händen und beginnt haltlos zu schluchzen.

[»Barrières«, Kapitel 71, S. 344.]

Anna befindet sich in einem kleinen Raum, ihre Sachen liegen auf einer Holzbank. Sie hat den Mantel an, ihr Hut liegt auf einem der Koffer.

Der Mann, der ihr am Tisch gegenübersitzt, versucht es noch einmal: »Haben Sie gar keinen Ausweis? Irgendeinen? Schauen Sie doch in Ihrem Gepäck nach.« Anna starrt ihn an. »Wie kann man nur dermaßen die Fassung verlieren? Sagen Sie mir doch, was passiert ist!« Anna legt ihre Hand auf den Tisch und gibt zu verstehen, dass sie schreiben will. Der Mann schaut sie überrascht an: »Sind Sie ... stumm?« – Anna schüttelt den Kopf. Voll Mitleid blickt er in ihre Augen. Dann gibt er ihr ein Blatt Papier und einen Bleistift.

Anna schreibt: »Man hat mir meine Handtasche gestohlen, meinen Pass, mein Geld, meine Fahrkarte.« Dann schiebt sie ihm das Blatt hinüber, er liest, was sie geschrieben hat, sagt »Moment« und verlässt den Raum. Kurz darauf kommt er zurück und bittet sie, ihren Namen und den Geldbetrag, der sich in ihrer Handtasche befand, aufzuschreiben. Anna schreibt, und er geht mit dem Blatt wieder hinaus.

Sie blickt von ihrem Stuhl aus dem Fenster der Passstelle. Auf dem Bahnsteig ein Schild: Rosenheim[87]. In der Manteltasche schließt ihre rechte Hand sich um das Röhrchen mit den Veronaltabletten. Ihr Herz schlägt jetzt ruhiger, die schreckliche Angst, die ihr ins Gesicht geschrieben stand, ist gewichen. Ein leeres, fast ausdrucksloses Antlitz nunmehr, kein Flackern mehr in ihren Augen. Von Zeit zu Zeit seufzt sie, und die Falte, die von ihrer Stirn zur Nase verläuft, gräbt sich noch tiefer ein. So sitzt sie eine ganze Weile, und erst als die Tür aufgeht, schaut sie auf und blickt apathisch die drei Männer an, die eintreten.

Die Vernehmung ist eine Qual. Anna braucht lang, um ihre Antworten zu Papier zu bringen. Sie zittert so stark, dass einer der Grenzbeamten, der, mit dem sie schon zu tun gehabt hat, aus Mitgefühl mit der erbarmungswürdigen Frau schließlich selbst ein völlig verspanntes Gesicht hat. Er ist es auch, der den zwei anderen vorschlägt, ihr eine Pause zu gönnen. Er merkt, dass sie nicht einmal mehr den Bleistift halten kann, die Erschöpfung steht ihr ins fahle Gesicht geschrieben.

Der Beamte führt Anna in einen kleinen Raum, der beißend nach Formaldehyd riecht. Abgesehen von einer schmalen eisernen Bettstelle ist da noch eine Tragbahre mit aufgemalten roten Kreuzen oben und unten. Auf einem Tisch eine Karaffe Wasser, verkorkt, zwei Gläser. Sonst ist nichts in dem Raum.

»Ruhen Sie sich ein bisschen aus. Vielleicht haben wir Glück. Wir haben die anderen Bahnhöfe schon antelegrafiert, in zwei Stunden ungefähr sollten wir Nachricht erhalten. So ein Malheur! Wie konnten Sie so unvorsichtig sein? Na jedenfalls, legen Sie sich ein bisschen hin. Ich komme Sie dann wecken. Haben Sie Hunger?« – Anna schüttelt den Kopf, nein. – »Gut ... jedenfalls gute Besserung, und regen Sie sich nicht noch mehr auf, wir werden schon einen Weg finden, wie wir Sie da wieder rauszuholen.«

Er lächelt ein wenig betrübt, dann geht er hinaus. Anna steht einen Moment lang da, die Arme seitlich am Körper, Blick zu Boden. Dann setzt sie sich auf das Bett, stützt die Ellbogen auf ihre Knie und nimmt den Kopf zwischen die Hände.

Hinter den Milchglasscheiben der vergitterten Fenster hört man das ständige Rollen der Züge, das Zusammenstoßen der Puffer beim Rangieren, das Pfauchen der Dampflokomotiven, die Rufe der Männer, das Gebimmel der Signalglocken, das Scheppern der Milchkannen beim Entladen ... eine Symphonie aus den tausend Geräuschen eines großen Bahnhofs.

Anna hebt ihr tränenüberströmtes Gesicht und blickt verzagt auf die blinden Fenster. Dann wendet sie ihren Blick zur Tür. Sie bleibt eine Weile nachdenklich daran hängen – eine Tür ohne Klinke. Sie geht zum Tisch, nimmt das Röhrchen aus ihrer Manteltasche – zögert kurz – und leert die neunzehn Tabletten Veronal in ein Glas. Ihre Hände zittern so heftig, dass sie beide Hände braucht, um die Karaffe zu nehmen.

Sie schaut sich um, ihr Blick fällt auf das leere Röhrchen. Sie rührt damit die Tabletten auf.

Sie setzt sich auf das Bett und zieht ihre Schuhe aus. Ihr Herz pocht so laut, dass es alle anderen Geräusche übertönt.

Wieder nimmt sie ihren Kopf zwischen die Hände, spürt in den Fingerspitzen den harten, hämmernden Puls ihrer Schläfen. Sie steht auf, macht, die Hände immer noch an die Schläfen gepresst, ein paar Schritte. Sie bleibt vor dem Tisch stehen, rührt die Flüssigkeit noch einmal um ... und leert das Glas in einem Zug ...

Anna liegt ausgestreckt auf dem Bett, mit weit aufgerissenen Augen. Ihre Kehle ringt mit der Bitterkeit.

Der Kreis, über den sie sich selbst hypnotisiert, wird enger und enger.

»Ich bin so müde«, denkt sie, »ich will nur mehr schlafen.«

Der Kreis ist nur noch ein winziger Punkt. Jetzt ist er weg.

Und Annas Augen fallen zu.

Der Beamte blickt die vor ihm liegende Frau an. Aus Annas Gesicht ist jegliche Spur von Unruhe gewichen. Völlig entspannt, wirken die Gesichtszüge beinah fröhlich. Und die Spuren, die ihre schmutzigen Hände auf ihrem tränennassen Gesicht hinterlassen haben, verleihen ihr eine kindliche Anmutung. »Sie hat geweint«, denkt er, »kaum zu glauben, dass sie stumm ist. Von Geburt an? Wie tief sie schläft. Sie schaut todmüde aus. Ich lasse sie noch ein bisschen schlafen. Sie hat ja keine Eile. Kein Glück gehabt! Man hat nichts gefunden.«

Er wendet sich ab und schließt leise die Tür.

Der Streckenaufseher von Kontrollpunkt 293 kommt mittags von der Arbeit heim, legt eine Handtasche auf den Küchentisch, geht zur Abwasch und erzählt während des Händewaschens seiner Frau: »Kaum zu glauben: Einer Frau ist die Handtasche mit ihrem Pass und ihrer Fahrkarte durchs Abteilfenster abhandengekommen. Die wird ganz schön Schwierigkeiten kriegen. Wahrscheinlich hält man sie in Rosenheim[88] fest, die Fahrkarte geht bis Salzburg. Ich rufe gleich an.«

Die Frau geht zum Tisch, öffnet die Handtasche, betrachtet das Foto im Pass, dann fährt sie mit dem Finger

über den kleinen, in mehrere Stücke zersprungenen Spiegel: »Der Spiegel ist zerbrochen, das bringt Unglück.«
[»Barrières«, Kapitel 72–75, S. 344–348.]

Hier endet der Roman »Barrières« und mit ihm dessen Protagonistin, Anna Lisser. Die Autorin, Bibiana Amon, dürfte (ebenfalls) daran gedacht haben, in die Heimat zurückzukehren. In der Ausgabe vom 11. Oktober 1923 meldet die Wiener Tageszeitung »Die Stunde«: »Fräulein Bibiana *Amon* wurde dem ›Modernen Theater‹ (Direktion: Robert Blum und Erwin Weill) verpflichtet«.[89] Der prachtvolle Veranstaltungssaal im Erdgeschoß des 1893 neu errichteten heutigen Gebäudekomplexes Johannesgasse 4 wird 1923 zu einer Theaterbühne, dem »Modernen Theater«, umgebaut. Bibiana Amon scheint auf den Theaterzetteln des am 29. Jänner 1924 eröffneten Theaters aber nicht auf.

In fünf Briefen Amons an Milan Dubrovic aus Berlin (Adresse jeweils »Bibiana Amon / Berlin-Friedenau / Sieglindestrasse 8/II bei Rogge«) von Oktober und November 1923 ist des Öfteren die Rede davon, dass ihr das »Moderne Theater« noch immer keinen »Kontrakt« geschickt hat. Sie sucht dringend ein Engagement, um in Berlin erst einmal ihre »finanzielle Lage [zu] ordnen«, bereut ihr Weggehen aus Wien, es geht ihr »psychisch sehr schlecht«.[90]

Sie sehnt sich zurück nach Wien: »Sobald ich reelle Lebensmöglichkeit seh, in Wien zu leben, komme ich hin. Allerdings ins Blaue kann man nicht fahren! Das ist so bedrückend. / Hier ist das Leben unerträglich. Diese Armut ist schon menschlich degradierend. Es ist entsetzlich!
Alleweil gestraft werden, – muß die Schönheit der Teufel hohlen. / Wo bleibt bei alledem die Lebensbejahung! / Stellt sich heraus – ist ja gar keine da.«[91]
Auch drei Wochen später nicht: »Milan, wenn ich Dir in einer bedrückten, arg bedrückten Stimmung einen Brief schrei-

be, hast Du nichts davon. / Und ich muß Dir leider gestehen, dass meine Stimmung die meiste Zeit ›arg bedrückt‹ ist. / Es geht mir schlecht! Ich meine psychisch! Und das ist hart. Mir fehlt Freude, Bestättigung, und Glauben. Auch Arbeit! Aber so ins Blaue hinein Rollen zu studieren, kann man nicht. / [...] Fast alle Menschen sind unkameradschaftlich. Warum? Ich weiß es nicht. / Ich sollte hier in Berlin, bei den Rotter Bühnen, wieder spielen. Eine Hauptrolle, aber unsympatisch und das Stück ist auch so schlecht. Von [Leonid] Andrejew. »Professor Storizyn«. Ich habe die Rolle abgelehnt. Hoffentlich kann ich hier noch etwas spielen, das mir Freude bereitet. / [...] Ja, ich möchte zu gerne nach Wien. Hier ist das Leben um einen herum so traurig und häßlich, daß es weiß Gott schwer wird, etwas freudigeres, hoffnungsvolles zu denken, geschweige, zu erleben. [...]

Ach, du Guter, Du kannst in einem Wiener ›Tschecherl‹ sitzen, etwas melancholisch einem alten verstimmten Klimperkasten zuhören, und dabei mit der wundervollen Bibiana Zwiegespräche halten! Du Beneidenswerter! (Schreibt man ›beneidenswert‹ mit h?) / Ja, ja, es gibt noch ganz hübsche Dinge die man sich selbst leisten kann, wenn man auch schon sehr blasiert ist.«[92]

In der Ausgabe 1924 scheint »Amon, Bibiann« zum ersten und einzigen Mal im »Alphabetische[n] Namen-Register der Intendanten, Bühnenvorstände, Spielleiter, der Vorstände der Musik und des Balletts › des gesamten darstellenden und Chorpersonals sowie sämtlicher Mitglieder der Genossenschaft Deutscher Bühnen-Angehörigen« des »Deutschen Bühnen-Jahrbuchs« auf (Adresse: Berlin-Friedenau, Sieglindestraße 8), allerdings nicht als fixes Mitglied eines Ensembles.

Im Feber 1925 verheiratet sich Bibiana Amon in Berlin mit dem Theater- und (vor allem) Filmschauspieler Eberhard Leithoff.[93]

Im Mai 1929 hält sich die »Schauspielersgattin Liliane Leithoff« in Linz auf.*

Am 30. November 1929 heiratet »Marie Liliane Leithoff geborene Amon« den am 6. Dezember 1895 in Darmstadt geborenen Kaufmann Hans Ludwig Schwab auf dem Standesamt Berlin-Charlottenburg. Gemeinsame Wohnadresse: Berlin-Charlottenburg, Droysenstraße 5.[94]

In einem an den französischen Innenminister adressierten Brief vom 28. Dezember 1936 ersucht »Maria Liliane Schwab née Amon«, Flüchtling aus Deutschland, wohnhaft im sechsten Pariser Arrondissement, Rue de Vaugirard 31, um Aufenthaltsgenehmigung in Frankreich und die Ausstellung einer Carte d'identité.[95] Anders als die Verlagsankündigungen von »Barrières«, in denen 1939 davon die Rede ist, dass Amon kurz nach dem »Anschluss« Österreichs nach Paris gekommen sei, weiß auch Milan Dubrovic zu berichten, dass sie sich schon des Längeren in Paris aufhielt: »Zuletzt begegnete ich ihr 1937 bei einem Empfang im Österreichischen Pavillon der Pariser Weltausstellung. Dort zählte sie zum engeren Kreis der Architekten Josef Hoffmann und Clemens Holzmeister und lebte mit einem viel jüngeren französischen Bildhauer zusammen, der von André Gide gefördert wurde. Die Jahre waren an ihr spurlos vorübergegangen. Ihr extravagantes,

---

* »*Eine wertvolle Uhr abhanden gekommen. Am 2. Mai nachmittags kam der Schauspielersgattin Liliane Leithoff aus Berlin, Charlottenburg, Droysenstraße 5, zuletzt Linz, Grand Hotel de l'Europe wohnhaft, auf dem Weg von der Landstraße in das Hotel und auf dem Wege über die Landstraße, Domgasse zum Hauptpostamte und zum Hotel zurück, eine Uhr im Werte von 170 bis 180 RM. abhanden. Die Uhr hat die Gestalt eines rechteckigen Medaillons im Formate 5 zu 8, ist einen halben Zentimeter dick und aus Silber. Beide Seiten der Uhr sind gerippt und stellen die Rippen aneinandergereihte Blätter dar. An einer Schmalseite der Uhr befindet sich ein Drücker, mit dem die Uhr derart geöffnet werden kann, daß sie zu einer Standuhr wird. Das Zifferblatt hat arabische leuchtende Ziffern und ist um den Druckknopf ein viereckiger Bügel zum Aufhängen der Uhr angebracht«* (Tagblatt [Linz], Jg. 14 (33), Nr. 105, 5.5.1929, S. 7–8).

wechselvolles Leben hatte ihr immer wieder neuen Auftrieb gegeben, ihre Veränderungen waren stets Erneuerungen. Sie fühlte sich als Pariserin, als wäre sie es von Geburt an gewesen, sie schwärmte von André Gide, der mit ihrem jungen Gefährten freundschaftlich verbunden war.«[96]

Aus Polizeiakten geht hervor, dass »Maria Liliane Schwab née Amon« am 24. Juli 1936 mit einem deutschen Pass (123R/236/35), ausgestellt am 4. September 1935 in Berlin, und einem vom 21. Juli 1936 datierenden Visum des französischen Konsulats in Berlin (gültig bis 10. August 1936) nach Frankreich kam.[97]

Drei »Maria Liliane SCHWAB née AMON« betreffende Vorgänge sind im Fremdenregister der Pariser Polizeipräfektur zwar dokumentiert, die zugehörigen Akten sind allerdings nicht erhalten. Sie datieren vom 12. August 1936, 3. Feber 1937 und vom 21. Oktober 1940. Außer Name, Vorname, Geburtsdatum und -ort sowie Staatsangehörigkeit sind die jeweiligen Wohnadressen verzeichnet, alle im sechsten Arrondissement – »3 rue Casimir Delavigne«, »31 rue de Vaugirard«, »12 rue Guisarde« – sowie Angaben zum Beruf: unter den ersten zwei Daten »Privat«, unter dem dritten »Schriftstellerin«.[98]

Über »Hans Ludwig SCHWAB« führte die Pariser Polizeipräfektur in den Jahren 1939, 1940 einen Akt, aus dem hervorgeht, dass sich »Hans und Maria« im November 1936 getrennt haben. Er lebte fortan im Département Bas-Rhin und kam fallweise nach Paris.[99]

Im Mai 1939 erscheint im renommierten Pariser Verlag Denoël Marie Amons Roman »Barrières«, der vielfach besprochen wird und mehrere Auflagen erlebt (siehe S. 140–144).

Am 5. September 1939, zwei Tage nachdem Frankreich dem Deutschen Reich den Krieg erklärt, ordnet die französische Regierung die Internierung der »indésirables« (unerwünschten Personen) an, soll heißen, der Angehörigen feindlicher Staaten, vornehmlich deutscher und ehemals ös-

terreichischer Staatsbürger. Hans Ludwig Schwab wird von
20. November 1939 bis 29. Jänner 1940 im Lager Lisieux in
der Normandie festgehalten. Amon setzt alles in Bewegung,
um ihn freizubekommen, besucht ihn, schreibt ihm, versorgt
ihn mit Paketen und Geld.[100] In einem an den französischen
Innenminister adressierten Brief vom 7. Jänner 1940 dringt
sie inständig auf die Freilassung ihres gesundheitlich schwer
angeschlagenen Ehemanns. Als angesehener Verfahrens-
techniker in der Textilindustrie sei er 1936 dem Ruf eines
französischen Unternehmens gefolgt, und das umso lieber,
als er die entwürdigenden Umstände, unter denen er als
Jude im Deutschen Reich habe leben müssen, kaum mehr
ertragen habe. Mit seinem Fachwissen könne er der französischen Bekleidungsindustrie von großem Nutzen sein, und
er sei nur zu gern bereit, sich neuerlich in den Dienst dieser
Branche von Frankreichs Wirtschaft zu stellen. Er habe nie
einer politischen Partei angehört und sei völlig unbeschol-
ten.[101]

Schwab kommt frei, er sucht am 7. Feber 1940 in Poitiers
um eine Carte d'identité an. Ab März leitet er in Ambazac,
dem Hauptort der Region Nouvelle-Aquitaine, eine Beklei-
dungsfirma. Im Sommer wird er neuerlich interniert: in Saint-
Germain-les-Belles. Am 5. November wird er ins berüchtigte
Lager von Gurs nördlich der Pyrenäen überstellt und dort bis
16. Mai 1941 festgehalten. Ab Anfang November ist er im Lager Les Milles in Aix-en-Provence. Von dort wird ins Sammel-
lager Drancy nordöstlich von Paris verbracht und am 19. August 1942 nach Auschwitz deportiert.[102]

Fritz Picard, ein deutscher Buchhändler, der 1938 nach
Frankreich geflohen war, sieht Bibiana, die er aus dem Wiener
»Herrenhof« und dem Berliner »Café des Westens« kennt,
nach dem Zweiten Weltkrieg noch des Öfteren in Paris, in sei-
ner Librairie Calligrammes in der Rue du Dragon im siebten
Arrondissement: »Und die Bibiana lebte ... die muß noch hier

irgendwo sein. Bibiana kam sehr oft zu mir ... 1950, 51 ... und eines Tags blieb sie weg.«[103]

Am 1. Feber 1966 um 4.30 Uhr stirbt Bibiana Amon im Hôpital Bichat-Claude-Bernard im 18. Arrondissement, Boulevard Ney Nr. 170.[104] Ihr Leichnam wird am 8. Feber am Cimetière du Père-Lachaise eingeäschert.[105]

Alleinerbe ist – da es einer eidesstattlichen Erklärung der Pariser Notariatskanzlei Baron zufolge, bei der Amons Testament hinterlegt ist, keine Pflichtteilsberechtigten gibt – André Louis, der Widmungsträger von »Barrières«, Jahrgang 1899, Unternehmer, seit 29.8.1950 verheiratet, wohnhaft in Levallois-Perret. Bibiana Amon hinterlässt eine kleine Eigentumswohnung mit Inventar an der Adresse Boulevard de La Tour-Maubourg Nr. 82 im siebten Arrondissement im Wert von rund 42.000 Franc.[106] Auf der Passivseite unter anderem Spitalskosten in Höhe von 2.241,80 Franc.[107]

»BARRIÈRES«

Im Mai 1939 bei Robert Denoël erschienen,[108] rührt der renommierte Pariser Verlag kräftig die Werbetrommel für den
348-seitigen Roman. In zahlreichen Tages- und Wochenzei-
tungen sowie Magazinen geschaltete Anzeigen – »Vient de
paraître« (Soeben erschienen) –, des Öfteren mit Foto der
Autorin, streichen teils den Erfindungsreichtum und die erzählerische Wucht dieses spannenden Erstlings heraus, die
an Dostojewski und Thomas Hardy gemahnen; teils schildern sie, auf Skandalisierung setzend, »Barrières« (Schranken, Hindernisse) als vor Mitgefühl vibrierende Studie aus,
die sich ebenso kühn wie wahrhaftig der Psychologie der frigiden Frau annehme.

Abgesehen von mehrfachen Beanstandungen »gossen-
sprachlicher« Passagen[109] ist die zeitgenössische Kritik durch-
wegs angetan von Amons Debüt. Zeigt sich Gaston Pelletier
in »L'Ère Nouvelle« beeindruckt von mit einzigartiger, dos-
tojewskischer Eindringlichkeit geschilderten Szenen,[110] so
erinnert Roger Dacy in den »Nouvelles Littéraires« – ebenfalls den vom Verlag ausgelegten Köder aufnehmend – vielmehr die den Launen des Geschicks hilflos preisgegebene
Protagonistin an eine Dostojewski-Figur, eine reine Seele,
die sich vergebens gegen ihr mit der Zwangsläufigkeit der
griechischen Tragödie abrollendes Fatum stemmt.[111] Eine
fesselnde Lektüre, und selbst der denkbar simpel vorange-
triebenen Handlung – wie in einem Stationendrama reihe
sich unvermittelt Episode an Episode – gewinnt Dacy noch

den Reiz des Märchenhaften ab. »Mal fichu« (Schlecht gemacht) beanstandet hingegen Suzanne Normand im auflagenstarken Magazin »Marianne« den völligen Mangel an Kunstfertigkeit, der dieses Buch kennzeichne. Hätte es diesen Makel nicht, stünde sie aber nicht an, es ob der mit grausamer Beobachtungsgabe aus dem Leben abkonterfeiten Protagonistin »groß« zu nennen.[112] Gerade diese erzählerische Schlichtheit verleihe den Figuren ihre wundersame Tiefe, urteilt wiederum François de Roux in »L'Instransigeant«.[113] Auch Jean Nicollier attestiert dem Roman mit seiner Nüchternheit ebenso wie mit seiner Eindrücklichkeit in der »Gazette de Lausanne« eine Meisterschaft, die auch noch die erbittertsten Verächter der vermeintlich kraft- und saftlosen »Frauenliteratur« zum Schweigen bringen müsse.[114] Die Eindringlichkeit der Milieuschilderungen nötigt selbst einem Rechtsaußen wie Guy Crouzet Respekt ab, dem die Boheme zuwider ist und der mit seiner hämischen Freude nicht hinter dem Berg hält, dass dieses »verkommene Gelichter« nunmehr in Deutschland vierzehn Stunden täglich Zwangsarbeit in Lagern zu verrichten hat.[115] Als Studie existenzieller Unbehaustheit – wieder an Dostojewski erinnernd –, als mit großer Wahrhaftigkeit zu Papier gebrachte und deswegen ungemein berührende Tragödie liest Hélène Gosset »Barrières«[116], als Sittenbild, Schilderung der Abwege und Ausschweifungen eines großstädtischen Milieus Noël Clément-Janin.[117]

Jean Bourdel zählt »Barrières« zu jenen fünf belletristischen Neuerscheinungen des Jahres 1939, die man bei den in Frankreich jeweils mit großem Trara inszenierten Literaturpreisverleihungen zu Unrecht übergangen habe.[118] Amons Erstling ist dennoch ein Erfolg, bei der Kritik und im Verkauf. In »Marianne« wird er gleich zweimal ausführlich besprochen – am 28. Juni 1939 von Suzanne Normand in der Rubrik »Ce que femme dit« (Aus weiblicher Sicht), am 16. August von Ramon Fernandez als »Buch der Woche«[119] –, und er erlebt, soweit dokumentiert, acht Auflagen (deren Höhe allerdings nicht bekannt ist).

Großstadtroman, Sittenroman, Bildungsroman, Psychoanalyseroman – Ferdinand Hardekopf unterstellt gar, dass der Name der Protagonistin, Anna Lisser, französisch »[l'] analysée« (die Analysierte) ausgesprochen, tragikomisch programmatisch gewählt worden sei[120] –, »Frauenroman«, Roman einer frigiden Frau: dass es auch und keineswegs zuletzt um den fortgesetzten Missbrauch einer Frau geht – mit peinigender Akribie vollzogen von einem Psychoanalytiker-Scharlatan, der sich an seinem Visavis rhetorisch übermächtig vergeht –, darauf heben gleich mehrere Besprechungen ab.[121] Am weitesten geht darin Hardekopf, auch in der literargeschichtlichen Einordnung von »Barrieres«: »Einer abendlichen Motte gleich, gerät diese Anna (sandfarbene Haare, graublaue Augen) in den Licht- und Dunstkreis eines haltlos-herrischen Kaffeehaus-Dialektikers, der sie (die immerhin Extravagantes und Galantes hinter sich hat) um viel neue Torturen bereichert, ja ihre Seele abgründig zerstört. Durch all diese Verwüstung wird Anna klug – so leidvoll gewitzigt, dass sie ihren Quälgeist in seiner hochstaplerischen Aufgeblasenheit zu demaskieren und, darüber hinaus, erstaunliche Präzisionen zur Erkenntnis männlicher Grenzen zu liefern vermag.

Hier ist der Punkt, wo Marie Amons Sittenroman – hohe Schule des Erzählens, Selbst-Verrat eines Herzens, Dokument der Zeit – geistesgeschichtliche Bedeutung gewinnt. Längst hat man das Auftauchen einer Verfasserin ersehnt, die gefühlskritisch und literarisch befähigt wäre, den von August Strindberg gegen die Frauen geführten ›Entlarvungs‹-Prozess nun ihrerseits den »Herren der Schöpfung« erschöpfend zurückzuschieben! Verfügt Marie Amon über den Umfang solcher Unbefangenheit? Etliche Stellen der

›*Barrières*‹ deuten darauf hin. (Auch der Titel ihres schon angekündigten, zweiten Romans scheint nicht zu widersprechen: ›*La vie ridicule*‹.) Wenn sie zur Erfüllung dieser (kaum
je angeknabberten) Aufgabe Wesentliches, Ausführliches,
Evidentes beibringen könnte, so hätte die Romancière M.
Amon sich als eine Qualverwandte jener Geister erwiesen,
denen Zerrüttung zu neuer Stärke wird und krasseste Erfahrung zum Keime discernierenden Scharfsinns.«[122]

Die krasseste Erfahrung der Protagonistin und damit das
Bahnbrechende des Romans ist 1939 offensichtlich (noch)
kein Thema: sexueller Missbrauch im Kindesalter. Was auf
den ersten Seiten nur anklingt – Anna Lisser wird von ihrer
Mutter auch deswegen außer Haus geschafft, weil der nicht
entgangen ist, dass ihr Stiefvater begehrliche Blicke auf das
bildhübsche Mädchen wirft –, wird gegen Ende zwar ver-
halten, aber doch explizit thematisiert. Als laufe der »Roman einer frigiden Frau« geradezu auf diese »Auflösung«
zu, weckt ein Gespräch mit einer Freundin aus Kindertagen
Erinnerungen an Ekel erregende Übergriffe (siehe S. 125–
127).

Um einiges expliziter und konkreter noch kommen sexu-
elle Übergriffe in einem Roman zur Sprache, in dem Marie
Amon unter ihrem Schlüsselnamen »Angelika« auftritt. In
Franz Werfels »Barbara oder Die Frömmigkeit« erklärt sie
»Ferdinand« (Werfel), warum sie »noch beziehungsloser« ist
als er. Die Analyse mit »Gebhart« (Otto Gross) habe es ans
Licht gebracht: »›Ich hab halt eine toll geschädigte Kindheit
hinter mir. […] Du mußt nämlich wissen, ich bin erstens
vom Lande und zweitens von niedriger Herkunft ... Mein
Vater war Holzarbeiter ... Als ich zwölf Jahr alt war, hat er
mich das erstemal gebraucht ... Von der Mutter wurde ich
darum halbtot geprügelt ... Meine Biographie kann man
nur aus diesen Sachen verstehn, sagt Gebhart ...‹«[123] Auch
»Gebhart« erzählt »Ferdinand«, dass »ihr eigener Vater«

Angelika »mit zwölf Jahren vergewaltigt« habe, zudem, dass »ihre erste Schwangerschaft [...] in ihr vierzehntes Jahr gefallen« sei. Und zwar ein paar Stunden nachdem Angelika mit einer Überdosis Veronal ins Krankenhaus eingeliefert wurde. Ein Suizid, zu dem er, Gebhart gern die Hand gereicht habe, denn »[g]estern habe er, so lautete sein Bericht, die ganze Nacht mit Angelika allein zugebracht, und zwar zu dem besonderen Zwecke, um mittels Analyse festzustellen, ob dieses arme Wesen gerettet werden könne. Leider sei das Resultat der gemeinsamen Arbeit höchst traurig ausgefallen. Gegen Morgen hätten er und seine Patientin erkennen müssen, daß es kein Mittel auf der Welt gebe, ihr zu helfen, denn sie sei in ihrem Triebleben völlig gebrochen, völlig beziehungslos, mehr noch, zu keiner Beziehung fähig, von jeglichem wahren Lebensglück ausgeschlossen und zu einer ewig-kalten Einsamkeit samt ihren hysterischen Folgen verurteilt.«[124]

Nimmt man Egon Erwin Kisch als Gewährsmann darin ernst, dass Werfel in »Barbara« Gespräche »mit der *Genauigkeit einer Grammophonplatte* wiedergegeben« hat;[125] nimmt man weiters die längeren Aufenthalte in Klagenfurt in den Jahren 1907 und 1908 als Indizien, dann könnte man, wenn man »eins und eins« zusammenzählt, zum Schluss kommen, dass Bibiana zu den Klagenfurter Verwandten gebracht wurde, um im Verborgenen ein Kind auszutragen ... Aber das ist reine Spekulation und nicht belegbar. Und wo keine Quellen, bei Leer- und Fehlstellen, hat der Biograf – im Gegensatz zum Romancier – sein Recht verloren.[126]

ZUR ÜBERSETZUNG

Eine Rückübersetzung ist ein Unding. Aber – faute de mieux.
Das deutsche Manuskript Marie Amons, das Albert Paraz ins
Französische übersetzt hat, ist nicht überliefert. Nicht beim
Verlag, den Éditions Denoël, nicht im Institut Mémoires de
l'édition contemporaine (IMEC) in der Abtei d'Ardennes
nahe Caen, das zwar einen kleinen Streubestand an Denoël-
Materialien verwahrt, aber keinerlei Unterlagen zu „Bar-
rières". Weil in zwei Besprechungen des Romans davon die
Rede ist, dass die deutsche Ausgabe in Holland erscheinen
werde,[127] bestand eine minimale Chance, dass es sich unter
den Restbeständen der zwei deutschsprachigen holländischen
Exilverlage, Allert de Langes und Queridos, findet.

Leider nein. Weder Briefe oder ein Schriftwechsel des
Verlags Denoël oder von Marie Amon oder von Dritten, die
die geplante Veröffentlichung des Romans bei Allert de Lange betreffen, noch gar das Manuskript ist in den »Uitgeve-
rij Allert de Lange (Amsterdam) Archives« im International
Institute of Social History in Amsterdam vorhanden. Nichts
im Übrigen auch zum auf dem Schmutztitel von »Barrières« angekündigten zweiten Roman Amons, »La Vie Ridicule« (Das lächerliche Leben).

Ob und, wenn ja, in welchem Ausmaß der frische, un-
befangene Ton, der in »Barrières« angeschlagen wird, auf
die Rechnung des Übersetzers geht, wie eng er sich an die
Vorlage hielt oder welche Freiheiten er sich nahm, lässt
sich nicht (mehr) beurteilen. Inwieweit die launigen Aus-

lassungen Paraz' zu seiner Übersetzung für bare Münze zu nehmen sind, steht ebenso dahin. Chronisch knapp bei Kasse, habe er, der bereits zwei Romane bei Denoël veröffentlicht hatte, sich ab 1936 aufs Übersetzen aus dem Englischen verlegt. Für die Übersetzung des dicken Manuskripts von Marie Amon habe Robert Denoël, als er es ihm in die Hand drückte, ausnahmsweise ein annehmliches Honorar in Aussicht gestellt. Erst zurück in seiner Wohnung habe Paraz gemerkt, dass es sich um ein Manuskript in Deutsch handelte. »Was soll's! Eine gute Gelegenheit, dabei Deutsch zu lernen. Er musste nur noch Marie Amon aus dem Weg gehen, die nicht Französisch sprach.« In fünf Monaten sei die Arbeit erledigt gewesen. »Marie Amon hatte inzwischen Französisch gelernt. Das fand jeder ganz normal; nicht hingegen, dass in derselben Zeit Paraz Deutsch gelernt haben sollte.«[128] – Eine kokette Zuspitzung, findet Paraz' Biograf, Briefe an eine deutsche Freundin wiesen zwar unzählige »Unbeholfenheiten« auf, seine Deutschkenntnisse dürften aber passabel gewesen sein.[129]

Zahlreiche Begriffe und Wendungen, einzelne Ausdrücke, die im französischen Text ohne ersichtlichen Grund zwischen Anführungen stehen, lassen (zumindest) leise Zweifel an dieser Einschätzung aufkommen. Es dürften wortwörtliche Übersetzungen von deutschen Ausdrücken, zumal Austriazismen sein, deren Sinn Paraz nicht recht klar war: die Funktionsbezeichnung »conseiller médical« (medizinischer Berater, »Barrières«, S. 54) zum Beispiel ist sehr wahrscheinlich die Verlegenheitslösung für den Titel »Medizinalrat«; Bucht(e)l bleibt überhaupt gleich »buchtl« (»Barrières«, S. 282), die Melange, die Schale Kaffee mit Milch oder Schlagobers, eine unspezifische »mélange« (»Barrières«, S. 277), eine Mischung, die im Französischen nicht mit Kaffee verbunden wird; das Selcher-Geschäft wird zur Wohnung der Familie Selcher (»du côté de Selcher«, »Barrières«, S. 327); »Mehlspeise«, ein Synonym für Süßspeise, Nachspeise wird bei Paraz zu »plat farineux« (»Barrières«, S. 282), zur »mehligen Speise«.

Dass Übersetzung immer auch Interpretation ist, ist inzwischen ein Gemeinplatz. Die französischen Sätze lassen aber allzu häufig mehr Spielraum, als einem lieb sein kann. Vor allem die »lebensphilosophischen« Passagen sind teilweise derart verquast und verwaschen, dass zu vermuten steht, Paraz habe die deutsche Formulierung nicht verstanden und den französischen Text bewusst vage gehalten, und man Paraz' launige Bemerkung, er habe erst beim Übersetzen von »Barrières« Deutsch gelernt, vollauf Glauben schenkt. Wobei »gelernt« einschränkend »ein bisschen« voranzustellen wäre.

Hatte ich damit bei der Rückübersetzung Carte blanche? – Im Gegenteil! Im Wissen, dass ohnehin nicht mehr als ein Behelf herauskommen könne, zerbrach ich mir auch noch ständig den Kopf darüber, was da im deutschen Manuskript gestanden sein könnte.

MAKING OF ... A TORSO
ODER LEERE KILOMETER ZUHAUF

Es war die sprichwörtliche Ochsentour – auf falschen Fähr-
ten. Gleich deren mehrere legte Milan Dubrovic. Der ließ
Klaus Amann im April 1978 anlässlich der Neuauflage von
Karl Tschuppiks Roman »Ein Sohn aus gutem Hause«[130], zu
der er das Nachwort geschrieben hatte, wissen: »Ein kleines
Detail, das Sie interessieren könnte: Die in dem Roman vor-
kommende ›Bibi‹ ist eine Schlüsselfigur, die zwar rücksichts-
voll ›verfremdet‹ wurde, jedoch so manche charakterliche
Züge einer Frau trägt, die in Literaten- und Künstlerkreisen
Wiens sehr bekannt war und die Tschuppik eine zeitlang
sehr nahestand. Sie hiess mit dem bürgerlichen Namen Bibiana Amon, was im Buch auch erwähnt wird. Sie stammte aus einer armen und einfachen Familie in der Wachau,
wo sich der Dichter Peter Altenberg in sie verliebte und sie
bald nach Wien brachte. Bibiana entwickelte sich zu einer
höchst attraktiv aussehenden Person, sie genoss ein sehr freies, emanzipiertes Leben. Vorübergehend war sie mit nam-
haften Literaten wie Gustav Meyrink, Anton Kuh u. a. liiert.
In reiferen Jahren übersiedelte sie nach Paris und heiratete
einen jungen Bildhauer, der mit André Gide befreundet war.
Sie schrieb später Memoiren, die in französischer Sprache
erschienen sind und zu denen André Gide das Vorwort
schrieb.«[131]

Hinweise aus erster Hand – Dubrovic saß als Benjamin
mit am Tisch im Café Herrenhof –, denen allesamt nachzu-

gehen war. Denn Bibiana Amon war ein unbeschriebenes Blatt, und ihre »Memoiren« wären eine *der* Quellen – noch dazu eine bis dahin nicht angezapfte – zur Literatenszene im Umfeld des Café Herrenhof und damit auch zu Anton Kuh, über den ich ab 2005 im Rahmen von FWF-Projekten biografisch und bibliografisch recherchierte.[132] Weil die Suche nach einem Buch von »Bibiana Amon« nichts ergeben hatte und auch das akribische Durchforsten von Tausenden Seiten Gide-Tagebüchern, Gide-Korrespondenzen und Gide-Bibliografien nichts Greifbares zu Tage gefördert hatte, waren ihre »Memoiren« 2008 Gegenstand einer ersten Anfrage bei den Gidianern (gidiana.net) – die nicht einmal ignoriert wurde.

Neuer Anlauf im Frühjahr 2012: Da war ich in einem Otto-Gross-Kongress-Band[133] auf einen interessanten Hinweis gestoßen: Im Nachlass Emil Szittyas in Marbach liegt ein Manuskript des Titels »Die Kuhs«. Szittya hatte 1923 in seinem »Kuriositäten-Kabinett« über Anton Kuh geschrieben – unter anderem, dass es ihn »nebstbei ambitionierte […], einige Jahre mit Bibiana, einer früheren Freundin Altenbergs, zu leben«[134] – und war nach Jahren der Vagabondage durch die Boheme-Zirkel ganz Mitteleuropas 1926 in Paris sesshaft geworden. Eine Anfrage im Deutschen Literaturarchiv Marbach schaffte Ende März Klarheit. Die, wie stets, freundliche und verbindliche Auskunft: Der Nachlass Emil Szittyas sei zwar komplett geordnet und katalogisiert, allerdings nur teilweise in Kallías, dem Online-Katalog des dla, erfasst, der größere Teil werde nur im Zettelkatalog nachgewiesen. Deshalb sei die Recherche zwar nicht ganz einfach gewesen, man sei aber fündig geworden. Das fragliche Manuskript sei Teil eines 115 Blatt umfassenden Konvoluts handschriftlicher Zettel unterschiedlichster Formate, offenbar Vorarbeiten zu einem geplanten Roman.[135] »Die Kuhs« habe man darin auf Anhieb leider nicht entdecken können, und die beschränkten Personalkapazitäten des Archivs ließen es leider nicht zu, das gesamte Konvolut durchzugehen. Es komplett zu kopieren resp. zu scannen, lasse die Archivordnung nicht zu, die Reproduktionen auf einen Umfang von circa zwanzig Seiten beschränke. Ich könne aber gern das Manuskript im Archiv selbst einsehen. Alles verständlich und nachvollziehbar, aber für einen Archivbesuch hatte ich mitten in der Kärrnerarbeit an der Anton-Kuh-Werkausgabe keine Zeit. Über drei Ecken bekam ich Ende Juni dankenswerterweise eine teilweise Abschrift – mit einem Passus, der einen Sprung vorwärts verhieß: Bibiana habe über die Jahre nach dem Ersten Weltkrieg in Wien einen Roman geschrieben, der kurz vor dem Zweiten Weltkrieg »bei Denoel« erschienen sei, auf Französisch, Titel: »Barure«. Hm, das Wort gibt es im Französischen nicht, und ich wurde damit auch auf keiner »einschlägigen« französischen Website fündig. Immerhin hatte ich den Verlag, Denoël, aber ehe ich dort vorstellig werden wollte, wollte ich sichergehen, dass ich den korrekten Titel hatte. Deshalb Ende August die dezente Bitte um einen Scan – weil das Manuskript nicht vorlag, leider nicht möglich – und auf ebenso dezente Nachfrage das Eingeständnis, dass man sich – was Wunder bei Szittyas Handschrift! – verlesen haben könnte. Könnte auch als »Bavure« (Gussnaht, Fehler; »sans bavure«: untadelig, reibungslos) oder »Baveux« (geifernd, eitrig, unscharf) zu entziffern sein. Damit insgesamt dreimal zwar knapp daneben, aber eben doch vorbei. Keine Treffer mit den Suchmaschinen der Bibliothèque nationale de France und der französischen Nationalbibliografie, nichts! – Dabei nicht einmal ein Anflug von Gram – wer bei der Transkription von Kurrent-Handschriften noch nie fehlgelesen hat, werfe den ersten Stein! –, im Gegenteil: Auf die Hilfe von auskunftbereiten Kollegen ist man bei diesem Geschäft angewiesen wie auf einen Bissen Brot.

Meine Anfrage – in bestem (allenfalls inzwischen leicht verstaubtem) Französisch, versteht sich – bei den Éditions Denoël, ob man denn irgendwas wisse von einem Roman mit dem Titel »Bavure« oder so ähnlich, von einer gewissen Bibiana Amon oder so ähnlich, den sie kurz vor dem Zweiten Weltkrieg verlegt haben sollen, erbrachte – nichts. Bei Denoël hatte man keinen Schimmer.

Erst die Erinnerungen Otto Soykas ans Café Central, auf die ich 2017 nebenbei – beim Recherchieren für eine Polemik gegen den Begriff »Kaffeehausliteratur«[136] – stieß, brachten den entscheidenden Hinweis: »Fünfzigjährig – bis in die derb gewordenen Hände –, ließ Bibiana in französischer Sprache einen Roman erscheinen und hatte ernsten literarischen Erfolg. Als Dichternamen wählte sie Maria Amon (aus dem einzigen Grund, weil gerade das der ihr gesetzlich zustehende Name ist): die Bezeichnung Bibiana blieb in der Garderobe des Lebens zurück als abgelegtes Pseudonym für die bewegte, nicht aktiv-literarische Zeit von Bibianas Dasein.«[137]

Dass »Bibiana« ihr Spitzname war und Maria ihr (zweiter) bürgerlicher, wusste ich da noch nicht. Mit dem »Dichternamen« – dass der französisch »Marie« und nicht »Maria« lauten würde, lag nahe – als Suchbegriff war ich dann rasch beim Titel »Barrières« (Schranken, Hindernisse) und im Besitz eines der raren erhaltenen Exemplare des Buchs: keine Memoiren, sondern ein Roman, der, soweit ich es anhand einzelner Abschnitte beurteilen konnte, eng an ihrem Leben entlanggeschrieben ist.

Verlässliche biografische Daten fehlten weiterhin. Es galt also, den Hinweisen Dubrovic', und seien sie noch so vage, allesamt zu folgen – von Grund auf.

Dubrovic spricht davon, dass Bibiana Amon »aus einer armen und einfachen Familie in der Wachau« stamme. Das hieß, die Geburtsmatriken sämtlicher Wachauer Pfarren durchzuackern. Immerhin ließ sich der Zeitraum eingrenzen: In einem undatierten Brief an Anton Kuh erwähnt Amon »ihre 26 Jahre«. Da die Korrespondenz im Splitternachlass Anton Kuh im Österreichischen Literaturarchiv aus den Jahren 1917 bis 1920 datiert, war von einem Geburtsjahr um 1890 auszugehen, mit Spielraum legte ich die zu durchsuchenden Jahrgänge fest auf 1885 bis 1895. Und immerhin kannte ich ihren Geburts*tag*. In einem mit »23. Juni« datierten Brief lässt Bibiana die Blumen- und Buchgeschenke Revue passieren, die ihr an diesem Tag, ihrem Geburtstag, zuteil geworden sind. Ich durchforstete also auf der Website »Matricula«[138] die online zugänglichen Geburts- und Taufbücher der Wachauer Pfarren und fand – nichts. In der Gegend gab's zwar Amons zuhauf, aber im fraglichen Zeitraum keine Maria oder Bibiana. Dabei hatte ich immer zu gewärtigen, dass »Wachau« ebenso wie der Suchzeitraum etwas weiter zu fassen sein könnte und dass ich natürlich – bei den Dutzenden großteils schwer leserlichen Handschriften und der ermüdenden Entzifferungsarbeit – Abend um Abend und Nacht für Nacht im heißen Sommer 2018 – auch das eine oder andere einfach übersehen haben könnte.

Ein schwacher Trost, dass Dubrovic auch andere in die Irre geschickt hatte. »Bibiana Amon, rezitierende Tänzerin und Freundin Peter Altenbergs«, lautet ein Bildtext zur Studie »P. A. und die Tänzerin« (1908) in Karl Corinos Robert-Musil-Monografie.[139] Den Floh hatte ihm, wie Briefe in dessen Nachlass zeigen,[140] Milan Dubrovic ins Ohr gesetzt. Nicht Bibiana Amon las und tanzte ab 1906 in den Wiener Kabaretts »Nachtlicht« und »Fledermaus« und auf Tournee, sondern die Ausdruckstänzerin »Miß Gertrud«, Gertrude Barrison, vormals eine der berühmten »Five Sisters Barrison«, einer Vaudeville-Sängerinnen-und-Tänzerinnen-Truppe, die tatsächlich aus fünf Schwestern bestand.[141]

Darauf, dass in der Not immer auch die Rettung zuwächst, mag ein gläubiger Mensch vertrauen, ein Philologe tut gut daran, sich an den Text zu halten – zu diesem Zeitpunkt vielmehr: sich verzweifelt daran zu klammern. Und tatsächlich: Im ersten Absatz von »Barrières« fand sich der entscheidende Hinweis: Der neue Lebensgefährte von Anna Lissers Mutter arbeitet beim Zichorienkaffee-Hersteller »Frank«. Als passionierter Sammler von Koch- und Rezeptbroschüren der Zwischenkriegszeit – und vielfach bespöttelt wegen dieser »Kinderei« – wusste ich, dass die erste österreichische Niederlassung der Ludwigsburger Franck-Werke, die »Heinrich Franck Söhne A. G.« 1879 in Linz an der Donau eröffnet wurde.[142]

Nun also die Geburts- und Taufbücher der zwölf Linzer Pfarren. Wieder Abend um Abend und Nacht für Nacht im heißen Sommer 2018, bis ich am 9. August um 2.30 Uhr früh bei der römisch-katholischen Pfarre »Heilige Familie (ehemalig St. Josef)« fündig wurde. Da ging ich dann ungern schlafen, es könnte ja, wenn ich aufwachte, alles nicht mehr wahr sein.

Mit dem Geburtsdatum und dem Geburtsort konnte ich mich weiterhanteln. Für eine Anfrage um historische Meldedaten beim Wiener Stadt- und Landesarchiv sind diese Angaben unerlässlich, denn die »selbstständigen Meldungen von Frauen wurden nach Geburtsorten gelegt«, so die Auskunft des Archivs. Zudem: »Die Meldezettel werden aus konservatorischen Gründen nicht im Lesesaal zur Einsicht vorgelegt, wir ersuchen um Verständnis.« Man erhält als Standardauskunft einen Auszug, der Adressen und Daten der An- und Abmeldungen auflistet. Will man über die Meldeadressen hinausgehende Informationen – und das sind oft die interessanten –, muss man diese jeweils extra anfordern – kostenpflichtig. Dazu muss man erst einmal wissen, welche Angaben überhaupt gemacht werden mussten: Die

20 mal 15 Zentimeter großen Meldezettel aus dieser Zeit fragten unter anderem ab: »Vor- und Zuname«, »Charakter (Beschäftigung)«, »Heimats(Zuständigkeits)ort und -land (Nicht zu verwechseln mit Geburtsort.)«, »Alter (Geburtstag, -monat und -jahr)«, »Religion und Stand (ledig, verheiratet, verwitwet)«, »Namen und Alter der Gattin und Kinder« und sind damit um einiges ergiebiger als der »Lehmann«[143], zuverlässiger ohnehin. »Adolph Lehmann's allgemeiner Wohnungs-Anzeiger« verzeichnet allein im fraglichen Zeitraum sechs bis acht Marie resp. Maria Amons, aber keine Liliana, Liliana Maria resp. Bibiana Amon.

Dreimal blitzte ich mit meinem Wunsch ab, ein Album mit dem Titel »Venedig 1913« im in der Wienbibliothek im Rathaus verwahrten Teilnachlass Peter Altenberg ansehen zu dürfen: Das sei eines jener Altenberg-Alben, die »bandagiert in einer Art Sarkophag liegen, weil jede Benützung zur weiteren Zerstörung der Bände« beitrage. Keine Ausnahme! Ich erhoffte mir darin ein Foto von Bibiana Amon, die im Sommer 1913 dreieinhalb Wochen mit Altenberg in Venedig verbracht hatte. Mit einigem querulatorischen Elan – und einigem guten Willen der Zuständigen – gelang es dann, das Album priorisiert zu restaurieren und intern wenn schon nicht physisch, so doch zumindest digital in Augenschein zu nehmen.

Fanden hier die Tantalusqualen ein gnädiges Ende, so blieb's in einem anderen Fall bei der Karotte *vor* der Nase: Im Teilnachlass Peter Altenberg findet sich in Archivbox 3[144] in einem Umschlag eine von Margarethe Engländer bezeichnete circa neunzig Namen umfassende »Liste m. Namen der Adressaten der bei M. A. befindlichen Briefe« – darunter »Fräulein Bibiana Amon«. Von denen fehlt allerdings jede Spur, keine Anhaltspunkte, wo sie verblieben sein könnten.

Wie viele Tage mich die Suche nach der »Klosterschule«, in die Bibiana Amon gegangen sein könnte, gekostet hat, weiß ich nicht mehr. In »Barrières« (S. 16) wird Anna Lisser ja mit sieben Jahren »in die Klosterschule geschickt«. Dass sie die Schulbank mit »hemdsärmeligen Bauernkindern« gedrückt hat, deutet darauf hin, dass das nicht in Linz, sondern in der ländlichen Umgebung gewesen sein muss. Zunächst von Pontius zu Pilatus geschickt, machte ich mich schließlich – Schau ma mal, was überhaupt noch da ist – ans Nächstliegende: an die historischen Bestände von Pflichtschulen (Volks- resp. Bürger- und Hauptschulen) im Archiv der Stadt Linz. Ein Schuss ins Blaue, der aber wider Erwarten traf. Ein Archivwagen, auf dem sich die überlieferten Jahreskataloge der Zeppelinschule, Kaiser-Franz-Josef-Schule, Hilfsschule Altstadt/Römerbergschule, Baumbachschule, Waisenhausschule … stapelten, stand nach der Reservierung eines Termins bereit. Nach dreieinhalb Stunden wurde ich fündig in den leicht angestaubten A-3-formatigen Folianten.

Ich wusste inzwischen, dass Amon den Lebenslauf ihrer Protagonistin Anna Lisser ihrem eigenen engführt. Wenn Anna im »Gastgarten eines bekannten Künstlercafés in der Nähe der Secession« den zwanzigjährigen Maler »Egon Sch…« trifft, mit dem sie dann eine Zeit lang lebt, musste ich der Autorin auf den Zahn fühlen: ob Amon so wie Anna zu »Egon S…« ins Atelier zog; ob sie ihm bis zur Erschöpfung Modell stand, saß, hockte, kniete, kauerte; ob sie aus diesen desolaten Verhältnissen ein Freund und Förderer von »Egon S…«, »le docteur Graf«, rettete, der ihr ein Bett in einer Gebärklinik verschaffte und dafür sorgte, dass sie ihr Kind unter annehmlichen Umständen zur Welt bringen konnte. Den Nachweis zu erbringen, dass die Fiktion sich weitgehend mit Fakten deckt, dauerte drei Monate und wäre auch beinahe an einer gesetzlichen Bestimmung gescheitert: Die Bestellung des »Aufnahmsprotokolls für die niederösterr. Gebäranstalt«, der Geburtenbücher »konnte leider nicht durchgeführt werden«, wurde mir beschieden. Grund: »Schutzfrist aufrecht!« Ich musste nachweisen, dass das Kind, das Amon dort zur Welt gebracht hatte, bereits verstorben war, was ich durch einen glücklichen Zufall, einen Nachtrag in den Heiratsmatriken, auch konnte. Das war keine Schikane der Archivmitarbeiterin – im Gegenteil: Alle, mit denen ich in der Sache zu tun hatte, waren ausgesprochen hilfsbereit –, sondern eine rechtliche Hürde, über die man erst einmal drüber muss – wenn man denn kann.

Eine Hürde übersprang ich trotz zahlreicher Anläufe von Oktober 2019 bis Jänner 2021 nicht. Vom Archiv der Stadt Paris wusste ich, dass Marie Amons handschriftliches Testament beim Pariser Notar Marcel André Baron respektive inzwischen bei dessen Rechtsnachfolger, bei »Régnier notaires«, hinterlegt war. Meine erste Anfrage bei der Kanzlei vom 29.10.2019 mit der Bitte um eine Kopie des Testaments wurde nicht einmal ignoriert. Auf das dritte Nachhaken hin die Belehrung, dass das »pour des raisons de confidentialité« (aus Vertraulichkeitsgründen) nicht möglich sei. Die nämliche Antwort auf mein Ersuchen um Auskunft über einzelne Verfügungen des Testaments, was etwa mit (eventuell vorhandenen) hinterlassenen Schriften, Manuskripten zu geschehen habe. Auch der Nachweis, dass der Alleinerbe, André Louis, dem Amons Roman gewidmet ist (»A ANDRÉ LOUIS en souvenir du 25 février 1938«), inzwischen gestorben war, rührte die Kanzlei nicht. Dabei: Suchen Sie einmal nach diesem Namen! Sowohl der Vorname wie auch der Nachname ist in Frankreich so häufig, wie's nur geht, und es könnten zudem zwei Vornamen sein. Die Suche nach der Stecknadel im Heuhaufen ist ein Kinderspiel dagegen. Alles, was ich jedenfalls bekam, war der gebetsmühlenartig wiederholte Satz »Monsieur, en réponse à votre mail, et pour des raisons de confidentialité, nous ne pouvons pas vous transmettre les informations que vous nous demandez« (… in Beantwortung

Ihrer E-Mail teilen wir Ihnen mit, dass wir Ihnen die gewünschten Informationen aus Vertraulichkeitsgründen nicht zukommen lassen können). Mir trieb's spätestens ab dem dritten Anlauf verlässlich die Kabel raus – die Kanzlei Régnier wies indes mein Begehren zu Recht ab: 75 Jahre Sperrfrist, wie mich ein Moderator von »Le Fil d'Ariane« freundlicherweise wissen ließ.* Nur Erben werde Auskunft erteilt.

Also galt es, die Erben nach André Louis zu ermitteln. Noch einmal die ganze Prozedur! Der Versuch, die drei Erben, die Louis testamentarisch bedacht hatte, zu kontaktieren, scheiterte auf ganzer Linie. Die 1:99-Chance, sie postalisch an den Adressen zu erreichen, unter denen sie im Jahr 1982 auf der notariellen Verlassenschaftsabwicklung geführt wurden, musste ich trotzdem nutzen. Die drei eingeschriebenen Briefe kamen wieder retour. Zwar nicht unverrichteter Dinge – zwei davon waren mit Nachsende-Adressen versehen und also mehrfach zugestellt worden –, was aber ein schwacher Trost war.

Rundweg erfreulich war die Auskunftsbereitschaft französischer Behörden, Archive und Bibliotheken. Dass es ein Dreivierteljahr dauerte, bis ich einen Scan des einzigen Briefes an Marie Amon, den die französische Nationalbibliothek verwahrt, erhielt, tut dem keinen Abbruch. Die Nachlassbetreuerin tat ihr Bestes, allein, der Rechtsnachfolger war gestorben, und bis die Genehmigung des neuen vorlag, bedurfte es x-fachen geduldigen Nachhakens. Und wofür der ganze Aufwand? – Für fünf nichtssagende maschinschriftliche Zeilen, in denen sich der gefeierte Schauspieler und renommierte Regisseur Louis Jouvet am 15. Juni 1939 bei Marie Amon

---

* Für den Fall, dass es mir nicht möglich sei, selbst Einsicht zu nehmen, empfahl mir ein Mitarbeiter des Pariser Stadtarchivs, die Dienste einer französischen Familienforschungshilfe-Vereinigung wie La France généalogique, Le Fil d'Ariane oder Les Passions de Pascaline in Anspruch zu nehmen.

via Verlag artig für die Übersendung eines ihm gewidmeten Exemplars von »Barrières« bedankt.[145]

Ein Déjà-vu erlebte ich bei meiner neuerlichen Anfrage bei den Gidianern, konkret: beim Centre d'Etudes Gidiennes und der Fondation Catherine Gide. Die war nun nicht wieder ins Leere gesprochen, im Gegenteil, es ergab sich im April und Mai 2019 eine rege E-Mail-Korrespondenz mit ausgesprochen interessierten und hilfsbereiten französischen Visavis über die Person des »jungen Bildhauers« aus dem Umfeld André Gides, mit dem Bibiana Amon liiert gewesen sei. Die Nachschau der engagierten Archivare (Archives André Gide de la Fondation Catherine Gide) und die Bemühungen weiterer hinzugezogener Personen, vom Präsidenten der Fondation Catherine Gide und dem Herausgeber des »Bulletin des Amis d'André Gide« abwärts, ergaben zwar nichts Greifbares, förderten aber eine Anfrage aus dem analogen Zeitalter ans Licht, die frappant an meine 36 Jahre danach gestellte erinnerte: In der Ausgabe des »Bulletin des Amis d'André Gide« vom Oktober 1983 stand unter dem Titel »le mystère Bibiana Amon« zu lesen, dass ein »professeur autrichien« via Österreichisches Kulturinstitut in Paris mit einigen Fragen an die Gide-Gesellschaft herangetreten sei, zu deren Beantwortung man die Leser auffordere: Weiß irgend jemand was über eine Österreicherin namens Bibiana Amon, die in den 1920er-Jahren nach Frankreich kam, einen jungen Mann aus dem Umfeld André Gides heiratete und späterhin Memoiren veröffentlichte, zu denen André Gide ein Vor- oder Nachwort schrieb?[146]

Beim »professeur autrichien« handelte es sich um Milan Dubrovic. Der Journalist in leitender Stellung und langjährige Presse- und Kulturattaché an der Österreichischen Botschaft in Bonn trug den Berufstitel »Professor«. Für sein Buch »Veruntreute Geschichte« recherchierend, hatte sich Dubrovic Anfang 1982 bereits bei Fritz Bondy und dem in Paris lebenden Manès Sperber nach dem Verbleib von Bibiana Amon erkundigt. Vergebens, beide konnten nicht weiterhelfen. Ohne Antwort blieb Dubrovic offenbar auch seitens der Gidianer.

Die Verheiratung Amons, von der Dubrovic resp. Paul Medina berichtet – »Ein gemeinsamer Freund aus Herrenhofzeiten, Paul Medina, der Pariser Korrespondent der ›Frankfurter Allgemeinen Zeitung‹, wußte nur, daß sie den jungen Bildhauer von damals geheiratet und gemeinsam mit ihm Paris noch vor Ausbruch des Krieges verlassen hatte«[147] –, lässt sich nicht verifizieren. Zwar wurde die Ehe mit Hans Ludwig Schwab »durch das am 4.4.1943 rechtskräftig gewordene Urteil des Landgerichts Berlin – 241. R. 585. 42« geschieden (Nachtrag auf dem Aufgebotsverzeichnis des Standesamtes Berlin-Charlottenburg), aber auf der Erbschaftserklärung (»déclaration de succession«) findet sich unter den Standesdaten die Angabe: »Divorcée en 1ères noces de Monsieur Hans Louis SCHWAB« (in erster Ehe geschieden von Hans Ludwig Schwab).

Dass Bibiana Hans Ludwig Schwab geheiratet hatte, erfuhr ich von Katharina Rohrer, die im Auftrag des New Yorker Geschäftsmanns Charles Scheidt der Scheidt'schen Familiengeschichte nachging und bei mir in Sachen Bibiana Amon angeklopft hatte. Schwab war ein Cousin von Charles Scheidts Vater. Über derart viele Ecken und auf derart gewundenen Wegen erlangt man bisweilen ein Fuzerl Information, indem man sich gegenseitig »was steckt«.

So freigiebig und prompt französische Institutionen auf meine Anfragen reagierten – von den Archives de Paris hatte ich innert vier Tagen die Antwort des Pariser Standesamts, dass eine Kopie der Heiratsurkunde von André Louis per Post unterwegs sei, und vom Ministère de l'Intérieur erhielt ich innerhalb einer Woche unter anderem jenen an den Innenminister adressierten Brief Marie Amons, in dem sie sich für die Freilassung ihres gesundheitlich schwer angeschlagenen Ehemanns einsetzt –, musste ich doch in vielen Fällen zunächst nachweisen, dass Marie Amon bereits verstorben war und die Genehmigung etwaiger Rechtsnachfolger für die Erteilung von Auskünften einholen. Und das Todesdatum Bibiana Amons eruieren hieß wieder einmal, wie bei den Wachauer und Linzer Geburts- und Taufmatriken, im Blindflug umfangreiche digitale Bestände durchforsten, diesfalls die des Pariser Standesamts, die fein säuberlich nach den zwanzig Arrondissements geordnet sind – klicken und scrollen, dass die Schwarte kracht.

Warum das Ganze: nicht um ein Held-der-Arbeit-Epos zu zimmern – ein bisschen vielleicht, aber jeder, der biografische Recherchen bei Null beginnt, kann ein Lied davon singen; auch nicht um zu jammern – ein bisschen schon: mehr und mehr digitalisierte Bestände sind ein Segen, aber rechtliche Beschränkungen erschweren den Zugriff auf Archivmaterialien zunehmend; sondern vor allem, um jemand, der – hoffentlich – zukünftig über Bibiana Amon arbeitet, wissen zu lassen, was bereits abgegrast ist und wo möglicherweise ab 2041 (75 Jahre nach ihrem Tod) noch etwas zu holen ist, nämlich bei den unten angeführten Adressen. Denn auch wenn manches am »mystère Bibiana Amon« erhellt werden konnte, liegt doch das meiste noch im Dunkeln.

Das Testament von Bibiana Amon ist hinterlegt bei der Kanzlei

Régnier notaires

16, Rue des Pyramides

75001 Paris

www.regnier-notaires.fr

E-Mail: regnier.associes@paris.notaires.fr

formalites.regnier@paris.notaires.fr

Das Testament von André Louis, dem Alleinerben nach Marie Amon, der am 14.12.1981 in Portugal verstarb, ist hinterlegt bei den Nachfolgern von Mes P. Mauduit, A. Singer & E.
Mauduit, beim

Office notarial
Jean-Christophe Rompteaux et Cathy Hajjaji
2 bis Quai de la République
BP 6
78703 Conflans-Sainte-Honorine
E-Mail: etude.mauduitetassocies-conflans@notaires78.com
jc.rompteaux@chambre-versailles.notaires.fr

Bibiana Amon, um 1912.

Bibiana Amon, um 1920.

Bibiana Amon, 1923.

Marie Amon, 1939.

EDITORISCHE NOTIZ

Bibiana Amons Briefe werden in der originalen Schreibung wiedergegeben. Nur Geminationen (durch einen Überstrich angezeigte Buchstabenverdoppelungen) wurden aufgelöst. Aufgehobene Absätze werden durch einen Schrägstrich angezeigt.

Die Konjekturen von Eigennamen in den aus »Barrières« übersetzten Passagen lagen nahe, da im Roman generell sowohl Wiener wie auch Berliner Straßenbezeichnungen, Firmennamen, Lokalbezeichnungen und Ähnliches korrekt wiedergegeben werden. Jede Konjektur wird per Endnote nachgewiesen.

Titelergänzungen (Incipit-Titel) stehen in eckigen Klammern. Bei Texten ohne Titel, die in der Druckvorlage durch Fettdruck des Textanfangs (»Spitzmarke«) markiert sind, wird der Titel aus dem Fettgedruckten extrahiert.

Typografische Auszeichnungen in gedruckten Texten wie Antiqua in Fraktur, Spationierung oder halbfette Type wurden einheitlich durch Kursive reproduziert.

Sämtliche Eingriffe, die über die stillschweigende Berichtigung von offensichtlichen Druckfehlern hinausgehen, stehen im Text in eckigen Klammern.

GLOSSAR

Abwasch: Spüle

jem. was anschaun lassen: jem. Schwierigkeiten bereiten

(jem.) am Arsch gehen: (jem.) auf die Nerven fallen

sich über etwas aufhalten: an etwas Anstand nehmen, sich über etwas aufregen

einen Auftritt haben: (jem.) eine Szene machen

ausgschamt: schamlos, dreist

Bisgurn: zänkische Frau

Fräulein: Gouvernante, Erzieherin, Lehrerin

G(e)schmus: Geschwätz

Häupt(e)lsalat: Kopfsalat, grüner Salat

aufpassen wie ein Haftelmacher: peinlich genau auf etwas achten

jem. heimgeigen: jem. Bescheid stoßen

Hetz: Vergnügen, Spaß

etwas treibt jem. die Kabel raus: etwas lässt jemandes Adern schwellen, treibt jem. zur Weißglut, auf die Palme

Kinderverzahrer: jem., der Kinder verzah(r)t (verführt, verschleppt), Kinderschänder

net: nicht

des packst ja net: das ist ja nicht zu fassen

Partie: Ausflug

Schanigarten: ursprüngl.: temporärer Gasthausgarten auf dem Gehsteig, allgem.: Gastgarten

spuren: gehorchen

jem. etwas stecken: jem. etwas verraten, hinterbringen

stier sein: ohne Geld, pleite sein

jem. einen Tanz machen: jem. lautstark eine Szene machen

Tschapperl: unbeholfene, naive Person

Tschecherl: Kneipe, kleines Café

ungeniert: ungehemmt, zwanglos

Urschel: (mda.) dumme, unbeholfene Frau
Wurzen, die: hier: derber, ungebildeter, unfeiner Mensch
Zins: (kurz für: Mietzins) Miete
Zuckerl: Bonbon

BILDNACHWEISE

S. 162 oben: Fotograf unbekannt. Literaturarchiv der Österreichischen Nationalbibliothek, Nachlass Anton Kuh, ÖLA 227/04.

S. 162 unten: Fotograf unbekannt. Aus: Milan Dubrovic: Veruntreute Geschichte. Die Wiener Salons und Literatencafés. Wien, Hamburg 1985 [S. 133]. Das Foto aus dem Archiv Dubrovic' findet sich nicht in seinem Nachlass.

S. 163 oben: Fotograf unbekannt. Wienbibliothek im Rathaus, Handschriftensammlung, Nachlass Milan Dubrovic / ZPH 944, Foliobox 7, 180. Auf der Rückseite beschriftet: »Juni 1923 Bibiana an Anton / Oktober 1923 Anton an Milan«.

S. 163 unten: Fotograf unbekannt. Aus einer Verlagsanzeige in: Marianne. Grand hebdomadaire politique et littéraire illustré, Jg. 7, Nr. 345, 31.5.1939, S. 6.

DANK

Für Handreichung und Hilfestellung dankt der Autor folgenden Personen und Institutionen:

Austrian Science Fund (FWF): P32360-G; Andrew Barker, Edinburgh; Fabian Berglechner, München; Christian Brandstätter und Gerald Piffl, Wien; Raimund Dehmlow, Magdeburg; Alexandra Egger, Wienbibliothek im Rathaus, Digitale Services; Gerti Fischer, Österreichisches Theatermuseum, Wien; Daniela Franke, Österreichisches Theatermuseum, Wien; Hartmut Geerken, Herrsching; Julia Hadwiger, Hamburg; Gottfried Heuer, London; Peter Jammerthal, Theaterhistorische Sammlungen des Instituts für Theaterwissenschaft der FU Berlin; Roland Leitgeweger, Archiv der Stadt Linz; Leo Lensing, Middletown, CT; Hermann Müller (Deutsches Monte-Veritá-Archiv), Freudenstein; Martin Anton Müller, Wien; Daniela Obiltschnig, Magistrat der Landeshauptstadt Klagenfurt am Wörthersee; Patrick, Le Fil d'Ariane, Entraide Généalogique sur Internet, Paris; Charles Scheidt und Katharina Rohrer, New York; Günther Windhager, Wien.

LITERATURVERZEICHNIS

Es gibt (so gut wie) keine Literatur zum Thema, weder zu Liliana Amon noch zu ihrem Roman »Barrières«. Deswegen nimmt sich auch das Literaturverzeichnis aus wie ein (fast) unbeschriebenes Blatt.

Primärliteratur

Marie Amon: Barrières. Roman. Traduit de l'allemand par Albert Paraz. Paris: Les Éditions Denoël 1939.

Sekundärliteratur

Milan Dubrovic: »Die Strahlende«. In: Ders.: Veruntreute Geschichte. Die Wiener Salons und Literatencafés. Wien, Hamburg: Zsolnay Verlag 1985, S. 99–102.

Walter Schübler: Geniale Sprüche im Literatencafé. Bibiana Amon stand nicht nur Romanfiguren von Robert Musil und Franz Werfel Modell, sondern auch für den Maler Egon Schiele. Ein Recherche-Zickzack zwischen Fakten und Fiktion. In: Frankfurter Allgemeine Zeitung, Nr. 70, 23.3.2019, S. 16 (»Literarisches Leben«).

Zur Biografik

Walter Schübler: Vom Nachstellen. Zwölf Thesen wider die Biografie. In: TUMULT. Vierteljahresschrift für Konsensstörung, Nr. 04/2015, S. 52–57.

PERSONEN- UND WERKREGISTER

Das Personen- und Werkregister erfasst die erwähnten historischen Personen sowie deren erwähnte Werke. Nicht erfasst werden mit (nicht aufgelösten) Kürzeln sowie Pseudonymen gezeichnete unselbstständige Publikationen sowie solche ohne Titel. Variante Namensschreibungen finden sich nach Schrägstrichen. Gerade gesetzte Angaben verweisen auf eine Erwähnung im Text, kursive auf eine Erwähnung in den Fußnoten, Angaben in runden Klammern auf eine indirekte Erwähnung.

170

ANMERKUNGEN

1 Gotthold Ephraim Lessing: Werke. In Zusammenarbeit mit Karl Eibl, Helmut Göbel, Karl S. Guthke, Gerd Hillen, Albert von Schirnding und Jörg Schönert herausgegeben von Herbert G. Göpfert. Bd. 5: Literaturkritik, Poetik und Philologie. München 1973, S. 185–186.

2 Konjektur aus: Frank.

3 Tages-Post [Linz], Jg. 31, Nr. 278, 3.12.1895, S. 7, Rubrik »Verzeichnis der Verstorbenen in Linz«.

4 http://data.matricula-online.eu/de/oesterreich/oberoesterreich/linz-heilige-familie-ehemalig-st-josef/106%252F1892/?pg=119.

5 https://data.matricula-online.eu/de/oesterreich/oberoesterreich/linz-stadtpfarre/106%252F1891/?pg=13.

6 https://data.matricula-online.eu/de/oesterreich/oberoesterreich/steyregg/306%252F1897/?pg=8; Tages-Post [Linz], Jg. 33, Nr. 200, 1.9.1897, S. 4.

7 Archiv der Stadt Linz, Schulamt, Volksschule katholisches Waisenhaus, Klassenbücher, Schuljahre 1901/02, 1902/03, 1905/06.

8 Archiv der Stadt Linz, Meldebücher Linz, M53, fol. 70 u. 71.

9 Konjektur aus: »Kronenblatt«.

10 In »Barrières«: fräulein.

11 Christian M. Nebehay: Egon Schiele 1890–1918. Leben, Briefe, Gedichte. Salzburg, Wien 1979, S. 131. Online: Egon Schiele Datenbank der Autografen, ID 239.

12 Siegfried Freiberg: Ihr werdet sehen ... Ein Egon Schiele-Roman. Wien 1967 (Neuauflage 1976 unter dem Titel »Egon Schiele – wilder Trieb auf altem Stamm«). – Nebehay meldet Zweifel an der »dichterischen – und wie uns scheinen will[,] willkürlichen – Aufschlüsselung dieser Initialen« an (Christian M. Nebehay: Egon Schiele 1890–1918. Leben, Briefe, Gedichte. Salzburg, Wien 1979, S. 147 sowie S. 152, Anm. 1), Kallir zieht sie unter Hinweis auf Nebehay in Betracht: »Alma Lorber may be the unfortunate L. A.« (Jane Kallir: Egon Schiele: The Complete Works. Including a Biography and a Catalogue Raisonné. New York 1990, S. 88, Fn. 26; »Expanded Edition« 1998, S. 88, Fn. 26).

13 Egon Schiele in einem Gespräch mit Arthur Roessler. In: Arthur Roessler: Erinnerungen an Egon Schiele. 2. Aufl. Wien 1948, S. 25.

14 WStLA, Allgemeines Krankenhaus, B73 – Landesgebäranstalt: 2. Gebärklinik: Aufnahmeprotokoll: 30 – 2. Gebärklinik: Aufnahmeprotokolle II 4561/1910 (Maria Bibiana Amon); WStLA, Allgemeines Krankenhaus, B22 – Landesgebäranstalt: Taufbücher; Geburtenbücher: 249 – Taufbücher; Geburtenbücher (Pag. 149; Zl. 5551/1910); WStLA, Allgemeines Krankenhaus, B75 – Index zum Aufnahmeprotokoll: 1., 2., 3. Gebärklinik: Aufnahmsprotokoll Index.

15 http://data.matricula-online.eu/de/oesterreich/wien/08-alservor-stadtkrankenhaus/01-219/?pg=165.

16 Telefonische Auskunft WStLA vom 9.10.2018, WStLA, Findelhaus, B1001(prov.) -Aufnahmeprotokolle; Standesbücher: Aug/Sept 1910.

17 Walter Schübler: Geniale Sprüche im Literatencafé. Bibiana Amon stand nicht nur Romanfiguren von Robert Musil und Franz Werfel Modell, sondern auch für den Maler Egon Schiele. Ein Recherche-Zickzack zwischen Fakten und Fiktion. In: Frankfurter Allgemeine Zeitung, Nr. 70, 23.3.2019, S. 16 (»Literarisches Leben«). – Am 14.3.2021 teilte mir DI Günter Wagensommerer per E-Mail mit, dass es ihm, von der anderen, der Schiele-Seite her kommend, gelungen war, die Initialen »L.A.« aufzulösen, und zwar durch Vergleiche mit Melderegistern. Auch die Abschrift eines Berichts darüber ließ er mir zukommen (Almuth Spiegler: »Me too« in Wien um 1900: Die Modelle von Klimt und Schiele. In: Die Presse [Print-Ausgabe], 10.11.2017).

18 Wiener Zeitung, Nr. 292, 22.12.1911, S. 10.

19 Fremden-Liste Bad Ischl, Nr. 48, Samstag, 10.8.1912, Hotel und Pension Erzherzog Franz Karl: »Bibiana Amon, Korrespondentin, Wien«; Kur-Liste Bad Ischl, Nr. 43, Dienstag, 13.8.1912, Hotel garni Edelweiss: »Bibiana Amon, Korrespondentin, Wien«.

20 Otto Soyka: Viel Geist war mit von der Partie – Erinnerungen ans Café Central. In: Die Schau. Halbmonatsschrift für Kultur und Politik, H. 15/16, August 1953, S. 7–8, hier S. 7.

21 Andrew Barker: Telegrammstil der Seele. Peter Altenberg – Eine Biographie. Wien, Köln, Weimar 1998, S. 243–250 (ursprünglich u.d.T.: Telegrams from the Soul. Peter Altenberg and the Culture of fin-de-siècle Vienna. Columbia, SC 1996); Heinz Lunzer, Victoria Lunzer-Talos: Peter Altenberg. Extracte des Lebens. Einem Schriftsteller auf der Spur. Salzburg, Wien, Frankfurt am Main 2003, S. 186–188.

22 Eine Verwechslung. Es handelt sich um Bessie Bruce.

23 Tilla Durieux: Meine ersten neunzig Jahre. Erinnerungen. München, Berlin 1971, S. 187–189. – Mit geringfügigen Korrekturen der Verschriftung der umgangssprachlichen Passagen.

24 Lotte Zavrel: Peter Altenberg, wie ich ihn sah. In: Vossische Zeitung, Nr. 196 (Sonntags-Ausgabe), Sonntag, 26.4.1925, Das Unterhaltungsblatt [S. 3].

25 Peter Altenberg: Semmering 1912, 4. Auflage. Berlin 1913, S. 219.

26 Evelyne Polt-Heinzl: Peter Altenberg und die zeitgenössische Bildproduktion. Mythen, Legenden und blinde Flecke. In: Roland Innerhofer, Evelyne Polt-Heinzl: Peter Altenberg – prophetischer Asket mit bedenklichen Neigungen. Wien 2011, S. 43–71.

27 Soyka: Viel Geist war mit von der Partie (wie Anm. 20), S. 7.

28 Anton Kuh: »Central« und »Herrenhof«. In: Ders.: Der unsterbliche Österreicher. München 1931, S. 18–23, hier S. 18.

29 Hartmut Binder: Ernst Polak – Literat ohne Werk. Zu den Kaffeehaus-zirkeln in Prag und Wien. In: Jahrbuch der deutschen Schillergesell-schaft, Jg. 23 (1979), S. 306–415.

30 Anton Kuh: »Central« und »Herrenhof«. In: Ders.: Der unsterbliche Österreicher. München 1931, S. 18–23, hier S. 23.

31 Frater Antonius [d. i. Anton Kuh]: Franz Blei. Zum 18. Januar. In: Neue Revue, Jg. 1, H. 11, Januar 1931, S. 278.

32 Physiognomik. Aussprüche von Anton Kuh. München o. J. [1931], S. 74.

33 Ebd., S. 12.

34 Anton Kuh: »Central« und »Herrenhof«. Winke für einen Kulturhisto-riker. In: Neues Wiener Journal, Jg., 35. Nr. 12.066, 26.6.1927, S. 12.

35 Kuh: »Central« und »Herrenhof« (wie Anm. 30), S. 20.

36 Ebd., S. 18–19.

37 In »Barrières«: terriblement Gemütlich.

38 Konjektur aus: Radetski.

39 Neues Wiener Tagblatt, Jg. 52, Nr. 292, 26.10.1918, S. 12.

40 Konjektur aus: Spiegelmarkt.

41 Konjektur aus: Teinfalstraße.

42 Kuh: »Central« und »Herrenhof« (wie Anm. 30), S. 18, 19 u. 20.

43 Ebd., S. 18 u. 19.

44 Anton Kuh: »Central« und »Herrenhof«. In: Der Querschnitt, Jg. 6, H. 8, August 1926, S. 612–617, hier S. 612.

45 Ebd., S. 22.

46 Ernst Polak an Milan Dubrovic, 1.9.1946. Zit. n.: Binder: Ernst Polak (wie Anm. 29), S. 404.

47 Milan Dubrovic: Veruntreute Geschichte. Die Wiener Salons und Li-teratencafés. Wien, Hamburg 1985, S. 35.

48 Friedrich Torberg an Gina Kaus, Alt-Aussee, 11.2.1973, Nachlass Gina Kaus, Deutsche Nationalbibliothek, Deutsches Exilarchiv 1933–1945, EB 96/082 I.A.098.

49 Berthold Viertel: »Pogrom«. In: Der Friede, Bd. 1, Nr. 20, 7.6.1918, S. 471–473, hier S. 471.

50 Von Goethe abwärts. Essays in Aussprüchen von Anton Kuh. Leipzig, Wien, Zürich 1922, S. 45.

51 Dubrovic: Veruntreute Geschichte (wie Anm. 47), S. 95–96.

52 Otto Gross: Die kommunistische Grundidee in der Paradiessymbolik. In: Otto Gross: Von geschlechtlicher Not zur sozialen Katastrophe. Hg. v. Kurt Kreiler. Frankfurt am Main 1980, S. 41–54, hier S. 43.

53 Otto Gross: Die kommunistische Grundidee in der Paradies-Symbo-lik. In: Sowjet. Kommunistische Monatsschrift 1, S. 12–27, hier S. 21.

54 Kuh: »Central« und »Herrenhof« (wie Anm. 30), S. 22.

55 Gottfried Heuer: Die spirituelle Revolution: Psychoanalyse und sa-krale Politik – Otto Gross, Johannes Nohl und Erich Mühsam. Zum Ursprung der Synthese von Psychoanalyse, Religion und radikaler Politik. Entstehungsgeschichte und Rezeption. Anhang. In: Ders. (Hg.): Utopie und Eros. Der Traum von der Moderne. 5. Internationaler

175

Otto-Gross-Kongress, club voltaire, Dada-Haus, Zürich 16.–18. September 2005. Marburg an der Lahn 2006, S. 151–159, hier S. 156.

56 Margarete Oehring an Ulrike Lehner, Amsterdam, 16. November 1977. – Mit Dank an Ulrike Lehner für die Überlassung einer Kopie des Briefs.

57 Victor Suchy im Gespräch mit Theodor Sapper (Tonband Literaturhaus Wien [Inventarnr.: DST TB 029.A.1], auf der Hülle datiert: 29.6.1966 [»Erinnerungen an Anton Kuh (gespr. v. Theodor Sapper)«]).

58 So Wilhelm Stekel, bei dem Otto Gross in psychoanalytischer Behandlung war, der kryptisch den Mantel der Diskretion über die näheren Umstände breitet: »Die ganze Familie kam in den Bann dieses dämonischen Menschen und die Geschwister der Geliebten waren noch mehr in ihn verliebt als sein Ideal. [...] Die ganze Familie betrachtete er als seinen Privatharem. Von weiteren Verwirrungen und Überschreitungen will ich aus Gründen der Diskretion schweigen« (Heuer: Die spirituelle Revolution [wie Anm. 55], S. 152).

59 Bibiana Amon an Anton Kuh, 23.6.1919, Fragment, Nachlass Anton Kuh, Österreichisches Literaturarchiv (ÖLA) 227/04.

60 Dubrovic: Veruntreute Geschichte (wie Anm. 47), S. 45.

61 Kuh:»Central« und »Herrenhof« (wie Anm. 30), S. 23.

62 Nachlass Anton Kuh, ÖLA 227/04.

63 Bibiana Amon an Anton Kuh, Wien, 7.12.1918, Nachlass Anton Kuh, ÖLA 227/04.

64 Bibiana Amon an Anton Kuh, undatiert, Nachlass Anton Kuh, ÖLA 227/04.

65 Bibiana Amon an Anton Kuh, undatiert [13.6.1919], Nachlass Anton Kuh, ÖLA 227/04.

66 Anton Kuh: Zehn Bibiana-Gebote, Nachlass Anton Kuh, ÖLA 227/04.

67 Bibiana Amon an Anton Kuh, Wien, 22.4.1919, Nachlass Anton Kuh, ÖLA 227/04.

68 Franz Werfel: Barbara oder Die Frömmigkeit. Berlin, Wien, Leipzig 1929, S. 432–433.

69 Besprochen wurde der Roman unter anderem von Ernst Polak (Ernst Schwenk [d. i. Ernst Polak]: Franz Werfel, Barbara oder die Frömmigkeit. In: Der Querschnitt, Jg. 10, H. 2, Ende Februar 1930, S. 139–140).

70 [-ll-]: Egon Erwin Kisch über sein Porträt im neuen Werfel-Roman. In: Wiener Allgemeine Zeitung, Jg. 50, Nr. 15454, 4.12.1929, S. 3. – Siehe dazu im Detail: Hans Hautmann: »Spätsommer des Untergangs«. Zur Widerspiegelung der revolutionären Ereignisse und Gestalten in Werfels »Barbara oder Die Frömmigkeit«. In: Raimund Dehmlow, Ralf Rother, Alfred Springer (Hg.): ... da liegt der riesige Schatten Freud's jetzt nicht mehr auf meinem Weg. Die Rebellion des Otto Gross. 6. Internationaler Otto Gross Kongress Wien, 8.–10 September 2006. Marburg an der Lahn 2008, S. 324–343.

71 Grell überzeichnet parodiert findet sich die »Herrenhof«-Clique in Karl Kraus' 1921 erschienener »Magischer Operette« »Literatur oder

Man wird doch da sehn«, einer hochkomischen Travestie von Franz
Werfels Erlösungsdrama »Spiegelmensch« (1921).

72 [–II–]: Kisch über sein Porträt (wie Anm. 70).

73 Dubrovic: Veruntreute Geschichte (wie Anm. 47), S. 101.

74 Bibiana Amon an Anton Kuh, 12. Juli [recte: Juni] 1919, Nachlass Anton Kuh, ÖLA 227/04.

75 Ebd.

76 Bibiana Amon an Anton Kuh, Wien, 23.6.1919, Nachlass Anton Kuh, ÖLA 227/04.

77 Bibiana Amon an Anton Kuh, undatiert [13.6.1919], Nachlass Anton Kuh, ÖLA 227/04.

78 Bibiana Amon an Nina Kuh, Wien, 4.9. [1919], Nachlass Anton Kuh, ÖLA 227/04.

79 Bibiana Amon an Anton Kuh, 12.10.1919, Nachlass Anton Kuh, ÖLA, 227/04.

80 Bibiana Amon an Nina Kuh, Wien, 4.9. [1919], Nachlass Anton Kuh, ÖLA 227/04.

81 Bibiana Amon an Anton Kuh, 12.10.1919, Nachlass Anton Kuh, ÖLA 227/04.

82 Dubrovic: Veruntreute Geschichte (wie Anm. 47), S. 100–101.

83 Bibiana Amon an Paul Medina, Regensburg, 25.5.1920, ÖNB Musiksammlung, Nachlass Weinig, F 171/209.

84 Bibiana Amon an Paul Medina, Berlin (undatiert) [Ende Mai 1920], ÖNB Musiksammlung, Nachlass Weinig, F 171/202.

85 Anonym: [(Berliner Theater)]. In: Neues Wiener Tagblatt, Jg. 54, Nr. 211, 2.8.1920, S. 6.

86 Elena Liessner: Aus meinem Leben. In: Gerhart Wolf, Jürgen Rennert u. Werner Schmidt: Elena Liessner-Blomberg oder Die Geschichte vom Blauen Vogel. Berlin 1978, S. 58–60.

87 Konjektur aus: Rosenhayn.

88 Konjektur aus: Rosenhayn.

89 Die Stunde, Jg. 1, Nr. 184, 11.10.1923, S. 5.

90 Bibiana Amon an Milan Dubrovic, Berlin, 13.10.1923, Wienbibliothek im Rathaus (WBR), Handschriftensammlung, Nachlass Milan Dubrovic / ZPH 944, Foliobox 1.

91 Bibiana Amon an Milan Dubrovic, Berlin, 15.10.1923, WBR, Handschriftensammlung, Nachlass Milan Dubrovic / ZPH 944, Foliobox 1.

92 Bibiana Amon an Milan Dubrovic, Berlin, 9.11.1923, WBR, Handschriftensammlung, Nachlass Milan Dubrovic / ZPH 944, Foliobox 1.

93 »Bibiana *Amon,* die vor Jahren in Wien zum Kreis Peter *Altenbergs* gehörte, hat sich in Berlin mit dem Filmschauspieler Eberhard *Leithoff* vermählt« (Die Stunde, Jg. 3, Nr. 590, 25.2.1925, S. 8).

94 Landesarchiv Berlin, P Rep. 551 Standesamt Charlottenburg I, Nr. 468, Namensverzeichnis Heiratsregister 1928–1931 sowie Aufgebotsverzeichnis 1033.

95 Maria Liliane Schwab / demeurant à Paris VIe. / 31, Rue de Vaugirard

/ réfugiée venant d'Allemagne / Ai l'honneur de solliciter de votre / haute bienveillance l'autorisation de / résider en France et la délivrance de la / carte d'identité. / Maria Liliane Schwab née Amon.

96 Dubrovic: Veruntreute Geschichte (wie Anm. 47), S. 101–102.

97 Auskunft von Charles Scheidt und Katharina Rohrer.

98 Préfecture de police, Les Archives de la Préfecture de police, Fichier des étrangers, cote 328W (Auskunft erteilt am 5.11.2019 vom: Ministère de l'Intérieur, Service de la Mémoire et des Affaires Culturelles).

99 Préfecture de police, Les Archives de la Préfecture de police, Fichier des étrangers, cote 1W1502 dossier 84067 (Auskunft erteilt am 5.11.2019). – Das geht auch aus Briefen, die innerhalb der Familie Scheidt gewechselt wurden, hervor (Auskunft Charles Scheidt und Katharina Rohrer).

100 Wie aus dem Briefwechsel innerhalb der Familie Scheidt hervorgeht. – Mit Dank an Charles Scheidt und Katharina Rohrer.

101 Ministère de l'Intérieur, Service de la Mémoire et des Affaires Culturelles.

102 Mit Dank an Charles Scheidt und Katharina Rohrer für die detaillierte Auskunft.

103 Interview, das Michael Stone (Sohn von Marianne Kuh und Alexander Solomonica) 1969 mit Fritz Picard führte. Kassette zur Verfügung gestellt von Sophie Templer-Kuh (Schwester Michael Stones). – Mit Dank an Günther Windhager für das Digitalisat.

104 Archives de Paris, Archives numérisées, État civil de Paris, Actes d'état civil, Décès, 18° arrondissement, Cote 18D486, acte n° 308, 01/02/66.

105 Auskunft der Archives de Paris, Département des publics, vom 28.10.2019.

106 Entspricht im Jahr 2021 der Kaufkrauft von circa 55.000 Euro (Institut national de la statistique et des études économiques, convertisseur franc-euro), die Wohnung wäre aber heute, bei den aberwitzigen Pariser Immobilienpreisen, ein Vielfaches wert.

107 Archives de Paris, déclaration de succession, cotée DQ7 50176, 2706/anc. 118 E.

108 Marie Amon: Barrières. Roman. Traduit de l'allemand par Albert Paraz. Paris 1939 (Les Éditions Denoël).

109 Anonym: L'argot tel qu'on le parle! In: L'Intransigeant, 17.5.1939 (faksimiliert auf der Website: https://www.thyssens.com/07presse/doss_presse_1939.php [zuletzt abgerufen am 27.4.2021]); Roger Dacy: Barrières par Marie Amon. In: Les Nouvelles Littéraires, 1.7.1939 (faksimiliert auf der Website: https://www.thyssens.com/07presse/doss_presse_1939.php [zuletzt abgerufen am 27.4.2021]).

110 Gaston Pelletier: Barrières par Marie Amon (Editions Denoël). In: L'Ère Nouvelle, 10.6.1939 (faksimiliert auf der Website: https://www.thyssens.com/07presse/doss_presse_1939.php [zuletzt abgerufen am 27.4.2021]).

111 Dacy: Barrières (wie Anm. 109).

112 Suzanne Normand: Barrières. In: Marianne. Grand hebdomadaire politique et littéraire illustré, Jg. 7, Nr. 349, 28.6.1939, S. 6.

113 François de Roux: Ohne Titel. In: L'Intransigeant, 18.8.1939 (faksimiliert auf der Website: https://www.thyssens.com/07presse/doss_presse_1939.php [zuletzt abgerufen am 27.4.2021]).

114 Jean Nicollier: Ohne Titel. In: La Gazette de Lausanne, 3.9.1939 (faksimiliert auf der Website: https://www.thyssens.com/07presse/doss_presse_1939.php [zuletzt abgerufen am 27.4.2021]).

115 Guy Crouzet: Diverses moralités. In: Notre Temps. Revue des nouvelles générations européénnes, Jg. 13, Nr. 1014, 21.5.1939, Sp. 133–135, über »Barrières« Sp. 134.

116 Hélène Gosset: Ohne Titel. In: Les Femmes dans l'action mondiale, Juli 1939 (faksimiliert auf der Website: https://www.thyssens.com/07presse/doss_presse_1939.php [zuletzt abgerufen am 27.4.2021]).

117 Noël Clément-Janin: Ohne Titel. In: Le Progrès de la Côte-d'-Or, 6.8.1939 (faksimiliert auf der Website: https://www.thyssens.com/07presse/doss_presse_1939.php [zuletzt abgerufen am 27.4.2021]).

118 Jean Bourdel: Palmarès. In: Juvénal. Pamphlétaire hebdomadaire, Jg. 8, Nr. 292, 13.1.1940, S. 18.

119 Ramon Fernandez: Barrières, par Marie Amon. In: Marianne. Grand hebdomadaire politique et littéraire illustré, Jg. 7, Nr. 356, 16.8.1939, S. 6.

120 Ferdinand Hardekopf: Eine neue österreichische Autorin. Marie Amons Roman: »Barrières«. In: Pariser Tageszeitung, Jg. 4, Nr. 1072, 12.8.1939, S. 4.

121 Neben Roman Fernandez und Ferdinand Hardekopf vor allem auch Geneviève Bianquis: Barrières, par Marie Amon. Traduction d'Albert Paraz. In: Commune. Revue littéraire française pour la défense de la culture, Jg. 7, Nr. 71, Juli 1939, S. 1214.

122 Hardekopf: Eine neue österreichische Autorin (wie Anm. 120).

123 Werfel: Barbara (wie Anm. 68), S. 546–547.

124 Ebd., S. 650–651.

125 [–ll–]: Kisch über sein Porträt (wie Anm. 70).

126 Reinhart Koselleck hat dafür die schöne Wendung »Vetorecht der Quellen« geprägt (Reinhart Koselleck: Standortbindung und Zeitlichkeit. Ein Beitrag zur historiographischen Erschließung der geschichtlichen Welt. In: Ders. (Hg.): Vergangene Zukunft: Zur Semantik geschichtlicher Zeiten. Frankfurt a. M. 3. Aufl. 1984, S. 206).

127 Clément-Janin: Ohne Titel (wie Anm. 117); Nicollier: Ohne Titel (wie Anm. 114).

128 Albert Paraz: Deux autobiographies. Paris 1983 (= collection »de / sur«, vol. 2), S. 18–19. – Paraz spricht von sich in der dritten Person.

129 Jacques Aboucaya: Paraz le rebelle. Lausanne 2002, S. 61.

130 Karl Tschuppik: Ein Sohn aus gutem Hause. Graz, Wien, Köln 1977 (in der von Hans Weigel im Styria Verlag herausgegebenen Reihe

»Wiedergefunden«). Ursprünglich in Amsterdam bei Allert de Lange 1937 erschienen.

131 Milan Dubrovic an Klaus Amann, Wien, 16.4.1978. WBR, Handschriftensammlung, Nachlass Milan Dubrovic / ZPH 944, Foliobox 1. – Von Amann referiert in: Klaus Amann: Gott straft die Mißachtung der Intelligenz – Hinweis auf einen zu Unrecht vergessenen österreichischen Schriftsteller; In: Festschrift zum 10-jährigen Bestehen der Universität Klagenfurt, 1980; Seite 288–297, hier S. 294, Fn. 14.

132 Projekttitel: Anton Kuh: Bio-bibliographische Grundlagensicherung [I] (P18162-G06), Laufzeit: 1.8.2005 bis 31.7.2007), Projektleitung: ao. Univ.-Prof. Johann Sonnleitner, einziger wissenschaftlicher Mitarbeiter: Walter Schübler. Projekttitel: Anton Kuh: Bio-bibliographische Grundlagensicherung II (P20050-G12), Laufzeit: 1.11.2007 bis 31.10.2008), Projektleitung: ao. Univ.-Prof. Johann Sonnleitner, einziger wissenschaftlicher Mitarbeiter: Walter Schübler. Projekttitel: Anton Kuh: Werkausgabe (P22093-G20), Laufzeit: 1.4.2010 bis 31.3.2013, Projektleitung: ao. Univ.-Prof. Johann Sonnleitner, einziger wissenschaftlicher Mitarbeiter: Walter Schübler. Projekttitel: Anton Kuh: Monographie (P26346-G23), Laufzeit: 1.1.2014 bis 31.12.2016 (kostenneutral verlängert bis 26.4.2017), Projektleitung (und einziger wissenschaftlicher Mitarbeiter): Walter Schübler.

133 Heuer: Die spirituelle Revolution (wie Anm. 55), S. 159.

134 Szittya, Emil: Das Kuriositäten-Kabinett. Begegnungen mit seltsamen Begebenheiten, Landstreichern, Verbrechern, Artisten, religiös Wahnsinnigen, sexuellen Merkwürdigkeiten, Sozialdemokraten, Syndikalisten, Kommunisten, Anarchisten, Politikern und Künstlern. Konstanz 1923, S. 288.

135 Deutsches Literatur Archiv Marbach (dla), Bestandssignatur: A:Szittya, Zugangsnummer: 80.1737, »Von Mühsam, Waner und Augusta« [Manuskripte].

136 Walter Schübler: ›Kaffeehausliterat‹: eine Begriffsklärung, ›Kaffeehausliteratur‹: eine Richtigstellung. In: Weimarer Beiträge, Jg. 64 (2018), H. 4, S. 608–616; sowie: »Phäaken und Feuilletonisten« (in der Online-Ausgabe unter dem Titel »Wider die ›Kaffeehausliteratur‹«). In: Wiener Zeitung, 5./6.1.2019, extra, S. 33–34.

137 Soyka: Viel Geist war mit von der Partie (wie Anm. 20), S. 7.

138 https://data.matricula-online.eu/de/

139 Karl Corino: Robert Musil. Leben und Werk in Bildern und Texten. Reinbek bei Hamburg 1988, S. 148.

140 WBR, Handschriftensammlung, Nachlass Milan Dubrovic / ZPH 944, Foliobox 1.

141 Heinz Lunzer, Victoria Lunzer-Talos: Peter Altenberg. Extracte des Lebens. Einem Schriftsteller auf der Spur. Salzburg, Wien, Frankfurt am Main 2003, S. 147–149; Hans Veigl: Lachen im Keller. Kabarett und Kleinkunst in Wien 1900 bis 1945. Graz 2013, S. 80, 84–86, 94.

142 Walter Schuster: Aecht Franck. Biographie einer Firma. Linz 2019.

143 Adolph Lehmann's allgemeiner Wohnungs-Anzeiger. Online: https://www.digital.wienbibliothek.at/nav/classification/2609.

144 WBR, Handschriftensammlung, Nachlass Peter Altenberg / ZPH 973, Foliobox 3, 6.7.

145 Bibliothèque nationale de France (BnF), site Richelieu, fonds »Louis Jouvet«, document: lettre de Marie Amon adressée à Louis Jouvet [1 feuillet, Cote : LJ-Mn-64(53).

146 CL. M. [d. i. Claude Martin]: In: Bulletin des Amis d'André Gide, vol XI, n° 60, oct 1983, p. 584.

147 Dubrovic: Veruntreute Geschichte (wie Anm. 47), S. 102.

BIOGRAFIEN

Liliana »Bibiana« Amon, 1892 in Linz geboren, 1966 in Paris gestorben. In den 1910er- und 1920er-Jahren verkehrte sie in Wiener Literaturkreisen, danach war sie als Schauspielerin in Berlin. 1936 emigrierte sie mit ihrem jüdischen Ehemann nach Paris. 1939 veröffentlichten die Éditions Denoël die französische Übersetzung ihres einzigen Romans »Barrières«.

Walter Schübler, geboren 1963 in Oberösterreich, Publizist mit Schwerpunkt Biografik, lebt in Wien. 2014 erhielt er den Preis der Stadt Wien für Publizistik. Veröffentlichungen u. a.: »Komteß Mizzi. Eine Chronik aus dem Wien um 1900« (2020), »Anton Kuh. Biographie« (2018), »Anton Kuh: Werke« (Hg., 2016), alle bei Wallstein.

Erste Auflage
© Edition Atelier, Wien 2022
www.editionatelier.at
Cover: Jorghi Poll
Druck: Grafički zavod Hrvatske, Zagreb
ISBN 978-3-99065-069-1 / E-Book ISBN 978-3-99065-074-5

Mit freundlicher Unterstützung des Literaturreferats der Stadt Wien, MA7 und der Kunstförderung des Bundeskanzleramtes Österreich.

WIEN KULTUR

≡ Bundesministerium
Kunst, Kultur,
öffentlicher Dienst und Sport

Mehr Bücher aus der Edition Atelier finden Sie auf
www.editionatelier.at